RESPONSABILIDAD ADMINISTRATIVA DE SERVIDORES PÚBLICOS

INVESTIGACIÓN Y CALIFICACIÓN DE FALTAS

SEGUNDA EDICIÓN

IMER REYES LÓPEZ

A *Nancy Aracelly Euán Uc.*

A los de siempre: *Esaud Reyes Ramírez,*
Marco Antonio Cué Prieto,
Rafael Ramírez Heredia,
Mario Trejo Cansino,
Alejandro Cesar Benítez Lordmendez.

Contenido

INTRODUCCIÓN

El presente trabajo inició como un proyecto de recopilación de información en materia de responsabilidades administrativas de servidores públicos. Su objetivo principal era integrar un documento de consulta en el proceso de investigación de faltas administrativas.

Para su elaboración fue necesario revisar expedientes de responsabilidades administrativas de servidores públicos municipales, estatales, federales y de la Suprema Corte de Justicia de la Nación con el fin de conocer su estructura, procedimientos y formatos. En el estudio de esos documentos se detectaron diversas jurisprudencias y tesis con criterios orientadores, que consideramos oportuno incluirlas en este material.

El libro se divide en tres partes. La primera, corresponde a los temas generales del Procedimiento de Responsabilidad Administrativa, tales como: definición de servidor público, faltas, sanciones, elementos que determinan la individualidad de las sanciones, caducidad, prescripción, partes, atribuciones de la autoridad investigadora, derechos del denunciante y del probable responsable, formas de iniciar la investigación, entre otras, que deben ser del conocimiento de las autoridades investigadoras, substanciadoras y resolutoras.

La segunda, comprende los elementos que conforman la falta administrativa y describe de manera general los elementos de la conducta típica, antijurídica y culpable, todo ello, destacando lo que al respecto señalan los criterios y jurisprudencias. Además, se analiza de manera general los elementos objetivos y subjetivos de cada uno de los tipos de las faltas administrativas existentes.

La tercera parte, concluye con los actos de investigación. Establece los procedimientos para integrar y calificar faltas de manera ordenada y sistemática. Muestra los elementos para elaborar un adecuado formato y revisar los existentes.

PRIMERA PARTE

TEMAS GENERALES DEL PROCEDIMIENTO DE RESPONSABILIDAD ADMINISTRATIVA DE SERVIDORES PÚBLICOS

CAPÍTULO I

EL CONCEPTO DE SERVIDOR PÚBLICO EN LOS DIFERENTES NIVELES DE GOBIERNO

La Constitución Política de los Estados Unidos Mexicanos determina, de manera general, quienes tendrán el carácter de servidores públicos a nivel federal, e instruye que las Constituciones Locales precisen, en los mismos términos y para los efectos de sus responsabilidades, las personas que tendrán tal carácter en los Estados y en los Municipios.

La Ley General de Responsabilidades Administrativas define a los servidores públicos como "las personas que desempeñen un empleo, cargo o comisión en los entes públicos en el ámbito federal o local, conforme a lo dispuesto en el artículo 108 de la Constitución Política de los Estados Unidos Mexicanos" (LGRA, 2016, art. 3°, f. XXV).

Federal

Se consideran servidores públicos federales "los representantes de elección popular, a los miembros del Poder Judicial de la Federación, los funcionarios y empleados y, en general, a toda persona que desempeñe un empleo, cargo o comisión de cualquier naturaleza en el Congreso de la Unión o en la Administración Pública Federal" (CPEUM, 2016, art. 108).

Estatal

En el estado de Tabasco, la Constitución Política local considera como servidor público a "todo aquel que desempeñe un cargo de elección popular, un empleo o una comisión en cualquiera de los tres poderes del Estado, en los ayuntamientos y en los órganos desconcentrados, organismos descentralizados, órganos autónomos en los términos de esta Constitución, entidades paraestatales y paramunicipales, empresas de participación estatal o municipal, fideicomisos públicos, órganos jurisdiccionales y en general toda persona física que perciba una retribución con cargo al erario" (CPELST, 1996, art. 66, párr. 1º).

Municipal

Finalmente, en la Ley Orgánica de los Municipios del Estado de Tabasco, el legislador estableció que se estiman como servidores públicos municipales "los miembros de los Ayuntamientos [1] o del Consejo Municipal [2], en su caso, y en general a toda persona que desempeñe un empleo, cargo o comisión, de cualquier naturaleza en el gobierno municipal u organismos paramunicipales" (LOMET, 2003, art. 218).

Elementos comunes

Los términos empleo, cargo y comisión, aparecen en todas las definiciones de servidores públicos, pero el legislador olvidó precisar cada uno de ellos en la Ley General de Responsabilidades Administrativas, como en realidad también lo hizo en las leyes que le antecedieron.

Empleo.

La palabra "empleo" tiene entre otras acepciones la de "ocupación, oficio" (RAE, 2017). Por su parte, el término "ocupación" significa "trabajo o cuidado que impide emplear el tiempo en otra cosa" (RAE, 2017). De conformidad con esto, el término empleo debe entenderse como trabajo, el cual es "toda actividad humana, intelectual o material independientemente del grado de preparación técnica requerido para cada profesión u oficio" (LFT, 1970, art 8º). Así pues, empleado o trabajador es toda persona física que presta un trabajo personal subordinado, físico o intelectual, al ente público.

Cargo.

La palabra "cargo" significa "dignidad, empleo, oficio." Por su parte, "cargo público" significa "cargo que se desempeña en las Administraciones públicas o en los órganos constitucionales y que, a diferencia de los ocupados por funcionarios profesionales, tiene carácter electivo o de confianza" (RAE, 2017).

Comisión.

Desde el punto de vista gramatical el vocablo "comisión" es el "encargo que alguien da a otra persona para que haga algo", por su parte "comisión de servicio" es la "situación de una persona que, con permiso de la autoridad correspondiente, presta sus servicios transitoriamente fuera de su puesto habitual de trabajo" (RAE, 2017).

La Ley no distingue, para efectos de comisión, que los servidores públicos tengan la calidad de empleados o encargados, por lo que, cualquiera de ellos puede, en su momento, desempeñar una comisión.

NOTAS

[1] *Son miembros del Ayuntamiento el Presidente Municipal y el número de regidores y síndicos que determine la Ley Electoral del Estado de Tabasco (LOMET, 2003, art. 19).*

[2] *El Consejo Municipal es un cuerpo colegiado emergente que crea la legislatura del estado cuando se declara suspendido o desaparecido un Ayuntamiento. Se integra por tres ciudadanos vecinos del municipio. El primero tendrá todas las facultades que corresponden al Presidente Municipal, el segundo las del síndico de hacienda y el tercero las de un regidor. El Consejo asume las facultades y obligaciones del Ayuntamiento, de manera provisional o definitiva, en su caso.*

CAPÍTULO II

CLASIFICACIÓN DE LAS FALTAS ADMINISTRATIVAS DE SERVIDORES PÚBLICOS

Con las reformas del 2019 y 2022, la Ley General de Responsabilidades Administrativas amplió el catálogo de conductas que pueden constituir faltas administrativas. De veintidós, se amplió a veintisiete. Once de ellas corresponden a faltas no graves y dieciséis a faltas graves.

Faltas administrativas no graves

Las faltas administrativas no graves se actualizan por actos u omisiones de servidores públicos que incumplan o transgredan lo dispuesto en las obligaciones siguientes (LGRA, 2016, art. 49):

1. Cumplir con las funciones, atribuciones y comisiones encomendadas, observando en su desempeño disciplina y respeto, tanto a los demás servidores públicos como a los particulares con los que llegare a tratar, en los términos que se establezcan en el código de ética;

2. Denunciar los actos u omisiones que en ejercicio de sus funciones llegare a advertir, que puedan constituir faltas administrativas;

3. Atender las instrucciones de sus superiores, siempre que éstas sean acordes con las disposiciones relacionadas con el servicio público;

   En caso de recibir instrucción o encomienda contraria a dichas disposiciones, deberá denunciar esta circunstancia en términos del artículo 93 de la Ley General de Responsabilidades Administrativas;

4. Presentar en tiempo y forma las declaraciones de situación patrimonial y de intereses, en los términos establecidos por la Ley General de Responsabilidades Administrativas;

5. Registrar, integrar, custodiar y cuidar la documentación e información que, por razón de su empleo, cargo o comisión, tenga bajo su responsabilidad, e impedir o evitar su uso, divulgación, sustracción, destrucción, ocultamiento o inutilización indebidos;

6. Supervisar que los servidores públicos sujetos a su dirección, cumplan con las disposiciones de este artículo;

7. Rendir cuentas sobre el ejercicio de las funciones, en términos de las normas aplicables;

8. Colaborar en los procedimientos judiciales y administrativos en los que sea parte;

9. Cerciorarse, antes de la celebración de contratos de adquisiciones, arrendamientos o para la enajenación de todo tipo de bienes, prestación de servicios de cualquier naturaleza o la contratación de obra pública o servicios relacionados con ésta, que el particular manifieste bajo protesta de decir verdad que no desempeña empleo, cargo o comisión en el servicio público o, en su caso, que a pesar de desempeñarlo, con la formalización del contrato correspondiente no se actualiza un Conflicto de Interés. Las manifestaciones respectivas deberán constar por escrito y hacerse del conocimiento del Órgano interno de control, previo a la celebración del acto en cuestión. En caso de que el contratista sea persona moral, dichas manifestaciones deberán presentarse respecto a los socios o accionistas que ejerzan control sobre la sociedad;

10. Previo a realizar cualquier acto jurídico que involucre el ejercicio de recursos públicos con personas jurídicas, revisar su constitución y, en su caso, sus modificaciones con el fin de verificar que sus socios, integrantes de los consejos de administración o accionistas que ejerzan control no incurran en conflicto de interés.

Además del catálogo anterior, "se considera falta administrativa no grave, los daños y perjuicios que, de manera culposa o negligente y sin incurrir en alguna de las faltas administrativas graves… cause un servidor público a la Hacienda Pública o al patrimonio de un Ente público" (LGRA, 2016, art. 50).

Faltas administrativas graves

Al iniciar la investigación, no siempre es fácil determinar si los hechos denunciados constituyen faltas administrativas graves o no graves, o si de ellos se desprenderá la comisión de unas, otras, o ambas, es por ello que todas las autoridades investigadoras, sin importar su esfera de competencia, deben tener pleno conocimiento de todas las faltas administrativas de servidores públicos, y en particular de las faltas graves siguientes:

1. Cohecho;

2. Peculado;

3. Desvió de recursos públicos;

4. Utilización indebida de información;

5. Abuso de funciones;

6. Actuación bajo Conflicto de Interés;

7. Contratación indebida;

8. Enriquecimiento oculto u ocultamiento de Conflicto de Interés;

11

9. Simulación de acto jurídico;

10. Tráfico de influencias;

11. Encubrimiento;

12. Desacato;

13. Nepotismo;

14. Obstrucción de la justicia;

15. Violación a las disposiciones sobre fideicomisos establecidas en la Ley Federal de Austeridad Republicana, y

16. La omisión de enterar las cuotas, aportaciones, cuotas sociales o descuentos ante el Instituto de Seguridad y Servicios Sociales de los Trabajadores del Estado.

Las definiciones de las faltas graves no se precisan en este momento, ya que serán objeto de estudio en un capítulo posterior.

CAPÍTULO III

SANCIONES ADMINISTRATIVAS DE SERVIDORES PÚBLICOS

Los servidores públicos incurren en responsabilidad administrativa por actos u omisiones que afecten la legalidad, honradez, lealtad, imparcialidad y eficiencia que deban observar en el desempeño de sus empleos, cargos o comisiones (CPEUM, 2015, art. 109, f. III).

En la resolución del Procedimiento de Responsabilidad Administrativa número PRA 14/2005, de la Suprema Corte de Justicia de la Nación, se estimó que los principios constitucionales referidos, constituyen los bienes jurídicamente protegidos.

Por su parte, la resolución del expediente número PRA 34/2022, señala al respecto:

> De tal suerte, debe precisarse que el bien jurídico que tutela la obligación de presentar declaraciones de situación patrimonial, primordialmente se refiere a la honradez que debe caracterizar a todo servidor público…

Las sanciones por responsabilidad administrativa son: amonestación, suspensión, destitución, inhabilitación y sanciones económicas. La Ley General de Responsabilidades Administrativas no estableció en que consiste cada una de ellas, lo que nos obliga a retomar y adecuar los conceptos que tenían antes de la reforma.

Amonestación

Esta sanción consiste en el señalamiento que realiza la autoridad resolutora al sancionado sobre las consecuencias individuales y sociales de la falta que cometió, excitándolo a la enmienda y conminándolo con que se le impondrá una mayor si reincidiere.

El derecho administrativo sancionador adapta su definición del Código Penal Federal, que en su artículo 42, señala en que consiste esta sanción.

Algunos han acudido al amparo por considerar que la amonestación pública constituye una pena infame de las prohibidas por el artículo 22 de la Constitución Política de los Estados Unidos Mexicanos; sin embargo, la Primera Sala de la Suprema Corte de Justicia de la Nación estableció que:

> No tiene como consecuencia la afectación de la dignidad humana del sancionado, ni el deshonor o desprestigio público que permita equipararlo a la pena prohibida de infamia, ya que a partir de que se demuestra su responsabilidad en la realización de una falta administrativa, se le conmina a que no reitere la conducta respectiva, sin que tal exhortación tenga como finalidad deshonrarlo o desprestigiarlo jurídica y/o socialmente (Tesis 1a. XCVII/2008).

La amonestación puede aplicarse de manera privada o pública. Es materia de debate entre diversos autores en que consiste una y la otra, sin embargo, consideramos que la diferencia entre amonestación privada o pública estriba en la forma en que se realiza la audiencia mediante la cual se ejecuta la sanción.

Suspensión

La palabra suspender, tiene entre otras acepciones "privar temporalmente a alguien del sueldo o empleo que tiene" (RAE, 2017) de ahí que la suspensión, en la materia que nos ocupa, consista en la privación temporal del empleo, cargo o comisión del servidor público.

La suspensión "implica que la relación laboral de los servidores públicos con el órgano público en el cual desempeñan sus funciones quede en suspenso por el tiempo que dure la sanción, por lo que, a su término, podrán reincorporarse a aquéllas" (Tesis 1a. CXXII/2014 [10a.]).

Esta sanción puede ser impuesta como medida cautelar o bien como sanción.

Como medida cautelar, la autoridad investigadora podrá solicitar a la autoridad substanciadora o resolutora, en el Informe de Presunta Responsabilidad Administrativa que decrete la suspensión temporal del servidor público. Dicha suspensión no prejuzga ni será indicio de la responsabilidad que se le impute, lo cual se hará constar en la resolución en la que se decrete (LGRA, 2016, art. 124 f. I).

Mientras dure la suspensión temporal se deberán decretar, al mismo tiempo, las medidas necesarias que le garanticen al presunto responsable mantener su mínimo vital y de sus dependientes económicos; así como aquellas que impidan que se le presente públicamente como responsable de la comisión de la falta que se le imputa.

El mínimo vital debe ser suficiente para cubrir las "necesidades básicas de alimentación, vestido, vivienda, salud, entre otras, la cual deberá ser equivalente al 30% de su ingreso real y nunca inferior al salario tabular más bajo que se cubra en la institución en la que laboraba el servidor público al decretarse la suspensión, dependiendo de la gravedad de la infracción cometida, y que deberá cubrirse hasta en tanto se dicte resolución administrativa en el procedimiento de origen, pues sólo en el supuesto de que se determine su responsabilidad y se le destituya del cargo de manera definitiva, al haber sido desvinculado de la institución, podrá buscar otra fuente de ingresos" (Tesis P./J. 2/2017).

En caso de que el servidor público suspendido temporalmente no resultare responsable de los actos que se le imputan, la dependencia o entidad donde preste sus servicios lo restituirán en el goce de sus derechos y le cubrirán las percepciones que debió recibir durante el tiempo en que estuvo suspendido.

En el amparo en revisión 409/2022, la Segunda Sala de la Suprema Corte de Justicia de la Nación, determinó que la suspensión temporal del cargo como medida cautelar dentro del procedimiento administrativo previsto en la Ley General de Responsabilidades Administrativas, protege el interés de la sociedad para garantizar una debida función pública, permitiendo que el presunto responsable conserve su calidad de inocente. Asimismo, detalló que, si bien, la suspensión temporal del cargo del servidor público presuntamente responsable constituye una medida anticipada que tiene incidencia en la limitación del principio de presunción de inocencia, lo cierto es que, a la luz de los principios de razonabilidad y proporcionalidad, se trata de una medida que persigue un fin constitucionalmente valido, como lo es realizar el procedimiento de responsabilidad administrativa protegiendo y preservando los intereses públicos de legalidad, lealtad, honradez, imparcialidad y eficiencia, a fin de prevenir que se sigan generando daños a la administración pública.

La suspensión que se aplica como sanción, se determina necesariamente en la resolución del Procedimiento de Responsabilidad Administrativa y podrá ser de uno a treinta días naturales en faltas no graves y de treinta a noventa días naturales en caso de faltas graves. Tratándose de trabajadores de base esta sanción se sujetará a lo previsto en la legislación laboral aplicable y se aplicará por el titular del ente público.

Destitución

El vocablo destituir significa "separar a alguien del cargo que ejerce", también "privar a alguien de algo" (RAE, 2017). De lo

16

anterior se desprende, que la destitución como sanción administrativa consiste en la separación del empleo, cargo o comisión que desempeña el servidor público responsable.

No deben confundirse los términos destitución e inhabilitación, ya que mientras el primero hace referencia a la cesación del encargo del servidor público de modo definitivo, culminando la relación de trabajo entre las partes, el segundo se refiere al impedimento para volver a ejercer algún empleo, cargo o comisión en el servicio público durante cierto tiempo o definitivamente; ambas sanciones tienen una naturaleza jurídica diversa, ya que la destitución disuelve el vínculo laboral, y la inhabilitación puede ser temporal o definitiva; de modo que cuando se trata de una inhabilitación temporal, al concluir el periodo que la comprende queda la persona en aptitud de aspirar a un cargo, siempre y cuando el titular de la dependencia respectiva así lo disponga mediante la contratación relativa. De lo anterior se infiere que la destitución no da acción al destituido para que se le reincorpore en el empleo si se le impusieron ambas sanciones -destitución e inhabilitación temporal-, ya que el servidor público queda separado de manera definitiva de su encargo, concluyendo la relación laboral que existió entre las partes como consecuencia de aquélla (Tesis III.2o.T.132 L).

La destitución sigue procedimientos distintos según se trate de trabajadores de confianza, base y miembros del Ayuntamiento.

La destitución de los servidores públicos de confianza, se llevará a cabo al quedar firme la resolución conforme se disponga en la misma.

La destitución de servidores públicos de base, dictada en el procedimiento de responsabilidad administrativa se ejecuta por el titular del ente público (LGRA, 2016, art. 223). No es de índole

17

laboral, sin embargo, no surte sus efectos si no se agota el procedimiento previsto en el artículo 46 de la Ley Federal de los Trabajadores al Servicio del Estado.

A partir de la interpretación del artículo 123, apartado B, fracciones IX y XIV, de la Constitución Política de los Estados Unidos Mexicanos, la Suprema Corte de Justicia de la Nación determinó que sólo los trabajadores de base al servicio del Estado tienen derecho a la estabilidad en el empleo, en tanto que los de confianza únicamente gozan de las medidas de protección al salario y los beneficios de seguridad social; derecho que es tutelado por el numeral 46 de la Ley Federal de los Trabajadores al Servicio del Estado, al establecer que aquéllos no podrán ser cesados, sino por alguna de las causas ahí establecidas (Tesis (VIII Región) 2o.3 A [10a.]).

En el caso de los servidores públicos que integran el Ayuntamiento la destitución de uno de sus miembros a través del Procedimiento de Responsabilidad Administrativa no es procedente.

El presidente municipal y los regidores ocupan cargos de elección popular, lo que les da la naturaleza de servidores públicos, de ahí que pueden ser sancionados por conductas que constituyan responsabilidades administrativas; sin embargo ¿Cuál es la autoridad competente para destituir a unos de los miembros del Ayuntamiento?

El artículo 115, fracción I, de la Constitución Política de los Estados Unidos Mexicanos dispone que cada Municipio será gobernado por un Ayuntamiento de elección popular directa, integrado por un presidente municipal y el número de regidores y síndicos que la ley determine; asimismo, establece que las Legislaturas de los Estados están facultadas para suspender Ayuntamientos, declarar su desaparición y suspender o revocar el mandato a alguno de sus miembros, siempre y cuando la decisión se tome por acuerdo de las dos terceras partes de sus integrantes y se actualice alguna de las causas graves que la ley local prevenga; además, que los miembros de los Ayuntamientos deben tener oportunidad suficiente para rendir pruebas y alegar. De lo expuesto se colige que, si bien el Órgano Reformador de la Constitución pretendió fortalecer el ámbito competencial del Municipio, consignando facultades propias de éste y la elección libre, popular y directa de sus gobernantes, también prescribió que sólo a través de la existencia de causas graves que las leyes estatales hayan previsto, las Legislaturas Locales podrán ejercer las referidas facultades. En consecuencia, cualquier otro mecanismo contenido en una disposición local tendente a separar o suspender de sus funciones a un miembro de un Ayuntamiento, invade las atribuciones que constitucionalmente corresponden a los Congresos Estatales y, por ende, resulta contrario al citado precepto constitucional (Tesis P./J. 7/2004).

El artículo 60 de la Ley Orgánica de los Municipios del Estado de Tabasco, señala:

El Congreso del Estado, previo procedimiento y por acuerdo de cuando menos las dos terceras partes de sus integrantes, podrá revocar definitivamente su mandato conforme a la gravedad de la falta a alguno o algunos de los miembros de un Ayuntamiento, cuando incurran en las hipótesis señaladas en la Constitución Política del Estado o en la Ley de Responsabilidades de los Servidores Públicos, Reglamentaria de los artículos 68 y 69, del Título VII de la Constitución Política del Estado de Tabasco, así como por cualquiera de las siguientes causas:

19

I. Por infringir la Constitución Política de los Estados Unidos Mexicanos, la Constitución Política del Estado y los ordenamientos legales locales, ocasionando con ello perjuicio grave al Estado, al Municipio o a la colectividad;

II. Por abandono de sus funciones en un término de treinta días consecutivos, sin existir causa justificada;

III. Por desatender sistemáticamente las funciones y obligaciones derivadas de su cargo;

IV. Por abuso de autoridad, realización de actos que alteren el orden, la tranquilidad, la seguridad de la comunidad o de alguno de los habitantes del Municipio, declarada judicialmente;

V. Por usurpar funciones o atribuciones públicas;

VI. Por utilizar su autoridad o influencia oficial para hacer que los votos en las elecciones recaigan en determinada persona o personas;

VII. Por ordenar la privación de la libertad de las personas fuera de los casos previstos por la ley;

VIII. Por sentencia ejecutoriada dictada por delito doloso;

IX. Por disponer ilegalmente de caudales públicos y bienes del patrimonio municipal;

X. Por realizar actos que impliquen violaciones sistemáticas a los planes y programas oficiales, y

XI. Por incapacidad física o legal por un término que le impida cumplir con su responsabilidad.

Independiente de lo anterior, tanto los integrantes de los ayuntamientos, como todo servidor público del municipio, sus dependencias y entidades, son responsables por faltas administrativas, de conformidad con lo señalado por la Ley General de Responsabilidades Administrativas; así como por delitos cometidos contra el erario y el servicio público, por hecho de corrupción, según corresponda.

Inhabilitación

Esta sanción consiste en la privación temporal de la capacidad, para obtener o desempeñar un empleo, cargo o comisión de cualquier naturaleza en el servicio público.

En las faltas no graves la inhabilitación no será menor de tres meses ni podrá exceder de un año, misma sanción que aplica para las faltas graves que no causen daños o perjuicios ni exista beneficio o lucro alguno. Sin embargo, cuando las faltas graves causen afectación, cuyo monto no exceda de doscientas veces el valor de la Unidad de Medida y Actualización la inhabilitación será de uno a diez años y de diez a veinte años si el monto excede de dicho límite.

La inhabilitación temporal... no transgrede la garantía de libertad de trabajo tutelada por el artículo 5o. de la Constitución Federal. Ello es así, porque dicha garantía no debe entenderse en el sentido de que el legislador impida que la autoridad competente tenga facultades para restringir, de manera temporal, la capacidad de un servidor para ocupar un cargo público, pues lo que prohíbe la referida garantía es que se limite a las personas, en forma absoluta, el ejercicio de la profesión, industria, comercio o trabajo que les acomode, siendo lícitos, imperativo que no se vulnera cuando la ley prevé una sanción por tiempo determinado de acuerdo con la gravedad de la infracción, el monto del daño causado y las demás situaciones previstas por la propia ley, cuya regulación es necesaria, en virtud de que las garantías individuales no pueden ejercerse en forma

21

irrestricta y sin ningún control cuando se presente la situación de que un funcionario no prestó óptimamente el servicio público, tanto desde un punto de vista jurídico o legal, como moral, en cuanto a la honradez, lealtad e imparcialidad y, en su caso, material en lo que se relaciona con la eficiencia, supuestos que de actualizarse justifican la citada regulación, por ser de destacado interés social que los servidores públicos se conduzcan con estricto apego a las normas que rigen su actuación a fin de asegurar para la sociedad una administración pública eficaz. Además, de conformidad con el precepto constitucional mencionado, la libertad de trabajo no sólo puede vedarse por determinación judicial, sino también por resolución gubernativa, como la dictada por la autoridad administrativa para el efecto de decretar la inhabilitación de los servidores públicos que hayan incurrido en responsabilidad administrativa (Tesis P. LXXIX/2000).

La referida sanción es un acto de interés social y público contra el cual no procede otorgar la suspensión en el amparo, en virtud de que involucra el bienestar del orden social de la población en materia de seguridad pública y tiene como fin excluir al servidor público de la prestación del servicio por estimar que no está capacitado para participar en él por haber incurrido en la comisión de alguna infracción administrativa (Tesis: 2a./J. 251/2009).

En el caso Petro Urrego contra Colombia, la Corte Interamericana de Derechos Humanos determinó, que las sanciones de destitución e inhabilitación de funcionarios públicos democráticamente electos, por parte de una autoridad administrativa disciplinaria, en tanto restringen derechos políticos no contempladas dentro de aquellas permitidas por la Convención Americana, son incompatibles no solo con la literalidad del artículo 23.2 de la Convención, sino también con el objeto y fin del mismo instrumento.

La corte reitera que el artículo 23.2 de la Convención Americana es claro en el sentido de que dicho instrumento no permite que órgano administrativo alguno pueda aplicar alguna sanción que implique una restricción (por ejemplo, imponer una pena de inhabilitación o destitución) a una persona por su inconducta social (en el ejercicio de la función pública o fuera de ella) para el ejercicio de los derechos políticos a elegir y ser elegido: sólo puede serlo por acto jurisdiccional (sentencia) del juez competente en el correspondiente proceso penal. El tribunal considera que la interpretación literal de este precepto permite arribar a esta conclusión, pues tanto la destitución como la inhabilitación son restricciones a los derechos políticos, no sólo de aquellos funcionarios públicos elegidos popularmente, sino también de sus electores. (CIDH, 2020, párr. 96).

Sanción económica

Ésta consiste en la obligación que se impone al sancionado, por falta administrativa grave, de pagar una cantidad determinada a la hacienda pública por beneficios económicos obtenidos.

La sanción económica podrá alcanzar hasta dos tantos de los beneficios económicos obtenidos y en ningún caso podrá ser menor o igual a ellos (LGRA, 2016, art 79).

Las sanciones económicas impuestas por los tribunales constituirán créditos fiscales a favor de la Hacienda Pública federal, local o municipal, o del patrimonio de los entes públicos, según corresponda. Dichos créditos fiscales se harán efectivos mediante el procedimiento administrativo de ejecución, por el Servicio de Administración Tributaria o la autoridad local competente, a la que será notificada la resolución emitida por el tribunal respectivo (LGRA, 2016, art. 224). El tribunal prevendrá a las autoridades señaladas para que informen, dentro del término de diez días, sobre el cumplimiento que den a la sentencia.

La sanción económica no debe confundirse con la indemnización. Cuando la falta grave provoca daños y perjuicios a la Hacienda Pública o al patrimonio de los entes públicos el Tribunal determinará el pago de una indemnización suficiente que permita reparar la totalidad de los daños y perjuicios causados por el servidor público responsable.

Clasificación de las sanciones

Las sanciones por responsabilidad administrativa se agrupan en función de la gravedad de la falta cometida.

Sanciones por faltas administrativas no graves.

En el caso de las faltas no graves, la Secretaría y los Órganos internos de control impondrán a los servidores públicos las sanciones administrativas siguientes (LGRA, 2016, art. 75):

1. Amonestación pública o privada;

2. Suspensión del empleo, cargo o comisión;

3. Destitución del empleo, cargo o comisión, e

4. Inhabilitación temporal para desempeñar empleos, cargos o comisiones en el servicio público.

Sanciones por faltas administrativas graves.

Las sanciones administrativas que impondrá el tribunal a los servidores públicos, derivado de los procedimientos por la comisión de faltas administrativas graves, consistirán en (LGRA, 2016, art. 78):

1. Suspensión del empleo, cargo o comisión;

24

2. Destitución del empleo, cargo o comisión;

3. Sanción económica, e

4. Inhabilitación temporal para desempeñar empleos, cargos o comisiones en el servicio público.

Las autoridades resolutoras podrán imponer una o más de las sanciones administrativas siempre y cuando sean compatibles entre ellas y de acuerdo a la trascendencia de la falta.

La destitución e inhabilitación son sanciones que pueden aplicarse conjuntamente, pues así se desprende de la redacción del precepto constitucional que utiliza la conjunción copulativa "e", en sustitución de "o", conjunción disyuntiva, para referirse a ellas; por tanto, es factible concluir que si la autoridad administrativa aplica al servidor público las sanciones mencionadas, es decir, la destitución y la inhabilitación, en nada contraría la Constitución, más aún si tal sanción se impone por una sola vez, esto es, a través de un único procedimiento y, de acuerdo a las circunstancias y a la gravedad de la falta (Tesis: I.4o.A.843 A).

CAPÍTULO IV

EJECUCIÓN DE SANCIÓN

Las sanciones por faltas administrativas no graves se llevarán a cabo de inmediato, una vez que sean impuestas por las Secretarías o los Órganos internos de control y conforme se disponga en la resolución respectiva (LGRA, 2016, art. 222).

La Primera Sala de la Suprema Corte de Justicia de la Nación, en el año 2002, precisó que "la resolución sancionadora, se cumplirá de inmediato por regla general hasta que la sanción impuesta resulte definitiva por resolución firme" (Tesis: 2a. CXXVIII/2002).

Las sanciones por faltas graves se ejecutarán cuando haya causado ejecutoria la sentencia en la que se determine la plena responsabilidad del servidor público.

Las resoluciones se consideran que han quedado firmes cuando transcurridos los plazos previstos en la Ley, no se haya interpuesto en su contra recurso alguno; o bien, desde su emisión, cuando no proceda contra ellas recurso o medio ordinario de defensa (LGRA, 2016, art. 206).

CAPÍTULO V

ELEMENTOS QUE DETERMINAN LA INDIVIDUALIDAD DE LAS SANCIONES

El Alto Tribunal ha sostenido que la gravedad de la pena debe ser proporcional al hecho antijurídico y al grado de afectación al bien jurídico protegido. "El principio de proporcionalidad contemplado expresamente en el artículo 22 constitucional no sólo impone al juez [y en materia de responsabilidad administrativa a la autoridad resolutora] el deber de individualizar la pena teniendo en cuenta las circunstancias concretas de cada caso, también constituye un mandato dirigido al legislador que implica la obligación de verificar que existe una adecuación entre la gravedad del delito y la de la pena" (Tesis 1a. CCXXXV/2011 [9a.]).

Para individualizar la sanción, se debe considerar los elementos del empleo, cargo o comisión que desempeñaba el servidor público cuando incurrió en la falta, así como los siguientes:

1. El nivel jerárquico y los antecedentes del infractor, entre ellos, la antigüedad en el servicio;

2. Las condiciones exteriores y los medios de ejecución;

3. La reincidencia en el incumplimiento de obligaciones;

4. Los daños y perjuicios patrimoniales causados por los actos u omisiones;

5. Las circunstancias socioeconómicas del servidor público, y

6. El monto del beneficio derivado de la infracción que haya obtenido el responsable.

Los tres primeros elementos aplican para la modulación tanto de faltas graves como no graves. A continuación, explicaremos cada uno de ellos.

El nivel jerárquico y los antecedentes del infractor

En los municipios del Estado de Tabasco existen cuatro niveles jerárquicos. El primero, el superior, lo ocupa el presidente municipal; el segundo nivel lo ocupa el síndico o síndicos y regidores; el tercer nivel lo ocupa la Secretaría del Ayuntamiento y el cuarto las Direcciones y Contraloría.

Los antecedentes son aquellos registros que efectúa la autoridad administrativa con el propósito de llevar un control de los procedimientos que se instruyen contra las personas, o bien, de las condenas recaídas a los sancionados.

En cuanto a los antecedentes, la Ley General de Responsabilidades Administrativas es oscura, no precisa que habrá de entenderse por ellos, tampoco las normas de aplicación supletoria señalan algo al respecto por lo que "ante ese vacío legal son de aplicarse los 'antecedentes'... concernientes a la materia penal, pues está permitido acudir a los principios penales sustantivos para la construcción de los propios del derecho administrativo sancionador, máxime que, en el caso concreto, resultan compatibles con su naturaleza, que es la imposición de la sanción" (Tesis XI.1o.A.T.61 A [10a]).

En este orden, los antecedentes, en materia penal, actualmente no son tomados en cuenta para determinar la culpabilidad del procesado.

Para efectos de la individualización, en cuanto a las circunstancias peculiares del infractor, sólo deben atenderse las que tengan relación con el hecho cometido, de conformidad, por analogía, con la jurisprudencia 1a./J. 110/2011 (9a.), de la Primera Sala de la Suprema Corte de Justicia de la Nación, publicada en el Semanario Judicial de la Federación y su Gaceta, Décima Época, Libro V, Tomo 1, febrero de 2012, página 643, de rubro: "CULPABILIDAD. PARA DETERMINAR SU GRADO NO DEBEN TOMARSE EN CUENTA LOS ANTECEDENTES PENALES DEL PROCESADO.", la cual dispone que el grado de culpabilidad tiene que determinarse exclusivamente con base en los aspectos objetivos que concurrieron en el hecho delictuoso (Tesis: I.18o.A.13 A [10ª]).

A través de la reforma publicada en el Diario Oficial de la Federación el 10 de enero de 1994, al artículo 52 del entonces Código Penal para el Distrito Federal en Materia de Fuero Común y para toda la República en Materia de Fuero Federal, para efectos de la individualización de la pena, se abandonó el criterio de peligrosidad adoptándose el de determinación del grado de culpabilidad, acorde con el cual la pena debe imponerse por lo que el delincuente ha hecho y no por lo que es o por lo que se crea que va a hacer, pues se trata de un derecho penal de hecho y no de autor (Tesis 1a./J. 110/2011 [9a.]).

De la interpretación sistemática de los artículos 1o., 14, párrafo tercero, 18, párrafo segundo, y 22, párrafo primero, de la Constitución Política de los Estados Unidos Mexicanos, deriva que la propia Ley Fundamental se decanta por el paradigma conocido como derecho penal del acto y rechaza su opuesto, es decir, el derecho penal de autor. Este último asume que el Estado -actuando a través de sus órganos- está legitimado para castigar la ausencia de determinadas cualidades o virtudes en la persona (o utilizarlas en su perjuicio). En cambio, el derecho penal del acto no justifica la imposición de la pena en la idea rehabilitadora, ni busca el arrepentimiento del infractor, pues lo asume como un sujeto de derechos y, en esa medida, presupone que puede y debe hacerse responsable de sus actos. Por ello, la forma en que el individuo lidia en términos personales con su responsabilidad penal, queda fuera del ámbito sancionador del Estado. En ese sentido, la Primera Sala de la Suprema Corte de Justicia de la Nación ha declarado inconstitucionales diversas legislaciones locales que consideraban los dictámenes periciales tendentes a conocer la personalidad del inculpado o sus antecedentes de ser una persona conflictiva para la sociedad para efectos de fijar la pena correspondiente, por ser normas que se apartaban del paradigma constitucional del derecho penal del acto. De ahí que las porciones normativas "los antecedentes y condiciones personales del responsable" así como "y grado de temibilidad", que integran el artículo 84, párrafo primero, del Código Penal para el Estado de Veracruz, y que son elementos que el Juez debe considerar "inexcusablemente" para fijar el quántum de la pena, constituyen expresiones meramente vinculadas con la calificación de la persona, relativos a su personalidad y comportamiento previo ante la sociedad, y no están referidas a una conducta típica, antijurídica y culpable, únicamente. Por tanto, dichas porciones normativas son contrarias al paradigma constitucional del derecho penal del acto por el que se decanta la Constitución Federal y, consecuentemente, son violatorias de los artículos constitucionales citados (Tesis 1a. CCCXXXVIII/2015 [10a.]).

El único elemento del antecedente que precisa la Ley General de Responsabilidades Administrativas es la antigüedad en el empleo, "lo cual no necesariamente obra en perjuicio del empleado de gobierno, toda vez que la perseverancia en el servicio público no debe tomarse como un factor negativo" (Tesis I.7o.A.301 A).

Las condiciones exteriores y los medios de ejecución

Las condiciones exteriores y los medios de ejecución corresponden a los factores por los que se precisa la gravedad del ilícito como pueden ser la naturaleza de la acción u omisión, medios empleados, magnitud del daño causado o no evitado, magnitud de la lesión o puesta en peligro del bien jurídico, circunstancias de tiempo, lugar, modo y ocasión.

En las resoluciones de los Procedimientos de Responsabilidad Administrativa números PRA 34/2002, PRA 19/2004, PRA 14/2005, PRA 45/2008, y PRA 46/2008, instaurados por la Suprema Corte de Justicia de la Nación señalan en este sentido que "por lo que se refiere a este punto, relativo a las condiciones exteriores y los medios de ejecución, deberá atenderse al bien jurídico salvaguardado, así como a las repercusiones en la vida social que emanan de su lesión o amenaza y la importancia y necesidad de que permanezcan incólumes y, por otra parte, a las circunstancias que rodearon la comisión de la falta así como los medios empleados para ejecutarla".

La reincidencia en el incumplimiento de obligaciones

"Se considera reincidente al que habiendo incurrido en una infracción haya sido sancionada y hubiere causado ejecutoria, cometa otro del mismo tipo" (LGRA, 2016, art. 76).

Los antecedentes y la reincidencia son dos conceptos diferentes pero relacionados entre sí, dado que los antecedentes caracterizan a la reincidencia, sin que ello signifique que sus efectos deban equipararse.

33

La reincidencia deriva del antecedente en sentido genérico y agrava la sanción a imponer al servidor público sancionado pues conoce con exactitud de la antijuridicidad de su propio hacer y, por tanto, es mayor la reprobación que el hecho merece en relación con la conducta desplegada.

La reincidencia es una figura de derecho sustantivo que incrementa la penalidad. Impide que se imponga una sanción igual o menor a la impuesta con anterioridad (LGRA, 2016, art 76).

Ello no implica necesariamente que deba sancionarse con la multa máxima, sino que deben darse las razones o motivos derivados de la ponderación de los hechos que conduzcan, en todo caso, a esta última conclusión (Tesis I.6o.A.1 A [10a.]).

"El medio eficaz para acreditar la reincidencia lo constituye la copia autorizada de la sentencia anterior, así como el auto que la declare ejecutoriada" (Tesis XX.32 P), sin embargo, "ello no resulta un obstáculo para que, mediante otros medios de prueba, que valorados en su conjunto puedan llevar a la convicción de que quedó acreditado de manera indubitable dicho extremo" (Tesis 1a./J. 33/99).

La reincidencia no la constituye cualquier antecedente administrativo de sanción, pues resulta necesario que:

Tenga relación con el hecho cometido, de conformidad, por analogía, con la jurisprudencia 1a./J. 110/2011 (9a.), de la Primera Sala de la Suprema Corte de Justicia de la Nación, publicada en el Semanario Judicial de la Federación y su Gaceta, Décima Época, Libro V, Tomo 1, febrero de 2012, página 643, de rubro: "CULPABILIDAD. PARA DETERMINAR SU GRADO NO DEBEN TOMARSE EN CUENTA LOS ANTECEDENTES PENALES DEL PROCESADO.", la cual dispone que el grado de culpabilidad tiene que determinarse exclusivamente con base en los aspectos objetivos que concurrieron en el hecho delictuoso. Por esas razones, a la luz del principio de interpretación conforme a la Constitución, la reincidencia a que se refiere la fracción normativa citada debe entenderse respecto del incumplimiento de una obligación administrativa de naturaleza similar, lo cual, además, es acorde con el principio de proporcionalidad en la aplicación de las penas, previsto en el artículo 22 de la Constitución Política de los Estados Unidos Mexicanos. (Tesis I.18o.A.13 A [10a.]).

La Ley General de Responsabilidades Administrativas no prevé la prescripción de la reincidencia.

Los daños y perjuicios patrimoniales causados por los actos u omisiones

La determinación de daños y perjuicios permite establecer el monto de la indemnización y la modulación de la inhabilitación en faltas graves.

Conforme a la legislación civil, artículos 2108 y 2109, el daño implica pérdida o menoscabo sufrido en el patrimonio, por falta de cumplimiento de una obligación, y el perjuicio la privación de cualquier ganancia lícita, que debiera haberse obtenido con el cumplimiento de la obligación. Lo cierto es que jurídicamente, tanto el daño como el perjuicio, implican lesión al patrimonio, pues según la connotación que al término daño asigna Escriche en su Diccionario de Legislación y Jurisprudencia: es el detrimento, perjuicio o menoscabo que se recibe por culpa de otro en la hacienda o la persona. En general, todo daño puede causarse por dolo o malicia, por culpa o por caso fortuito; importando mucho en cualquier evento, saber el modo para arreglar la responsabilidad que debe exigirse. Como es de verse,

35

aun cuando la legislación civil define en dos preceptos al daño y el perjuicio, en realidad no existe entre los términos daño y perjuicio, sino una diferencia de matiz, pero de todas formas, la parte de la pérdida o menoscabo tratándose del daño, o la privación de cualquier ganancia lícita, tratándose del perjuicio, de todas formas, éste y el daño repercuten en el patrimonio (Registro 258965).

Las circunstancias socioeconómicas del servidor público

Las circunstancias socioeconómicas del Servidor Público son todos aquellos elementos que permiten conocer si la situación económica y el entorno social en que se desenvuelve el servidor público son acordes con el puesto que ocupa. Por ejemplo, si sus ingresos y egresos son afines con el cargo que desempeña.

No es necesario acreditar las circunstancias socioeconómicas del infractor en los siguientes casos:

1. Cuando se traten de faltas administrativas en las que no se impondrán sanciones económicas;

2. Cuando se traten de faltas administrativas que no impliquen la obtención de algún beneficio económico;

3. Cuando la gravedad de las faltas cometidas e incluso la magnitud del beneficio derivado de las mismas no constituyan un elemento primordial para disminuir o aumentar la sanción que se le deba imponer al referido servidor público, y

4. Cuando las circunstancias socioeconómicas no sean relevantes para pronunciarse sobre la gravedad de la falta cometida.

El monto del beneficio derivado de la infracción que haya obtenido el responsable

Este elemento permite determinar la sanción económica que se impondrá al servidor público, que podrá alcanzar hasta dos tantos de los beneficios obtenidos.

No se requiere acreditar este elemento para los siguientes casos:

1. Cuando se traten de faltas administrativas en las que no se impondrán sanciones económicas, y

2. Cuando se traten de faltas administrativas que no impliquen la obtención de algún beneficio económico.

CAPÍTULO VI

CADUCIDAD DE LA INSTANCIA

La caducidad de la instancia opera durante el Procedimiento de Responsabilidad Administrativa cualquiera que sea el estado del proceso, hasta antes de dictar sentencia y no durante la etapa de investigación, "tiene como efecto que se anulen todos los actos procesales verificados y sus consecuencias, y que en cualquier procedimiento futuro no sea posible invocar lo actuado en el proceso caduco" (Tesis 1a. CCXL/2016 [10a.]).

No puede invocarse lo actuado en el procedimiento caduco, pero las pruebas rendidas en él podrán ser promovidas en el nuevo, siempre que se ofrezcan y precisen en forma legal ya que la extinción de la instancia no produce la extinción de la acción.

La Primera Sala de la Suprema Corte de Justicia de la Nación, estableció que la caducidad opera de pleno derecho, por el simple transcurso del tiempo y sin necesidad de declaración. El artículo 74 de la Ley General de Responsabilidades Administrativas, señala que la caducidad procede a solicitud del infractor, cuando se deja de actuar en los Procedimientos de Responsabilidad Administrativa por más de seis meses, sin causa justificada. Para ello, los plazos se computarán en días naturales.

Después de la publicación de la Ley General de Responsabilidades Administrativas, el Primer Tribunal Colegiado en Materia Administrativa del Cuarto Circuito, en enero de 2017, precisó en tesis que la caducidad de la instancia vulnera el derecho humano a la tutela judicial efectiva. Si bien, esta tesis no integra jurisprudencia en término de los artículos 223 y 229 de la Ley de Amparo, se convierte en un criterio con fuerza orientadora y persuasiva, que parte de la convencionalidad, que básicamente señala:

El artículo 26 de la Ley de Justicia Administrativa para el Estado y Municipios de Nuevo León, establece que en la tramitación del juicio contencioso administrativo impera el principio de impulso procesal de las partes. Asimismo, el diverso 57, fracción V, de ese ordenamiento, indica que procede el sobreseimiento del juicio cuando no se haya efectuado ningún acto procesal durante el término de trescientos días consecutivos, ni el actor hubiere promovido en ese mismo lapso, siempre que la promoción sea necesaria para la continuación del procedimiento. Por otra parte, conforme a los artículos 25 de la Convención Americana sobre Derechos Humanos, 1o. y 17 de la Constitución Política de los Estados Unidos Mexicanos, son obligaciones de los juzgadores, salvaguardar el derecho humano a la protección judicial, favorecer en todo tiempo a las personas con la protección más amplia e impartir justicia pronta y expedita. En ese tenor, los artículos 26 y 57, fracción V, de la Ley de Justicia Administrativa para el Estado y Municipios de Nuevo León, al obligar a las partes a impulsar el procedimiento, así como al órgano jurisdiccional a declarar necesariamente la caducidad de la instancia ante la falta de impulso; y, por consiguiente a sobreseer en el juicio, es claro que vulnera en perjuicio de las partes el derecho humano a la tutela judicial efectiva, ya que acorde al artículo 1o. de la Constitución Federal, las autoridades tienen la obligación de promover, respetar, proteger y garantizar los derechos humanos, de manera que la falta de resolución pronta, completa e imparcial que categóricamente establece el artículo 17 de la propia Constitución, por la actualización de la norma que prevé la caducidad, impide al órgano jurisdiccional cumplir con su obligación de impartir justicia pronta y sin obstáculos. En ese sentido, el tribunal administrativo debe desaplicar los preceptos que prevén decretar la caducidad. En efecto, la pasividad del justiciable no desaparece ni elimina la obligación de la autoridad para actuar y decidir oportunamente, actuación que es acorde al espíritu de la reforma constitucional de diez de junio de dos mil once, que faculta a los juzgadores a que, por su propia iniciativa, adopten las medidas necesarias para evitar la paralización de los procesos que son de su competencia y cuando no haya más diligencias que desahogar en atención al interés particular de las partes. (Tesis IV.1o.A.56 A [10a.]).

CAPÍTULO VII

PRESCRIPCIÓN

La prescripción "se refiere a la pérdida de facultades de la autoridad para resolver las cuestiones relacionadas con el fondo del asunto, tomando en cuenta que su finalidad es la consolidación de las situaciones jurídicas por el transcurso del tiempo" (Tesis I.13o.A.6 A [10a.]).

La Primera Sala de la Suprema Corte de Justicia de la Nación en el amparo en revisión 269/2021, en el párrafo 39, señaló que:

> la figura de la prescripción es un límite a la facultad sancionadora, pues representa una autolimitación a la atribución de sancionar las conductas irregulares, así que no puede ser entendida como dependiente de la apreciación que, en cada caso, determine la autoridad o como una concesión gratuita que se ofrece a los servidores públicos, sino que representa una garantía de seguridad jurídica a favor del servidor público, pues con la prescripción se asegura que no sea infraccionado una vez que transcurrió el plazo previsto en la ley. Así, también es una sanción para las autoridades que, en determinado plazo, no realizaron las gestiones necesarias para sancionar un determinado acto irregular.

La prescripción es una figura procesal de orden público, su estudio es preferente y oficioso.

El servidor público no tiene la carga procesal de alegar la prescripción de la facultad sancionadora durante el procedimiento respectivo, en tanto que sólo constituye una posibilidad de defensa que tiene a su alcance, por lo que puede exponer dicho aspecto en el juicio de amparo, a pesar de que no lo haya realizado ante la autoridad administrativa, en cuyo caso el Juez de Distrito no debe calificar de inoperantes los conceptos de violación relativos, pero tampoco estudiar el fondo de la problemática, acorde con lo dispuesto en el artículo 78 de la Ley de Amparo, sino conceder el amparo para el efecto de que la responsable examine esa cuestión. (Tesis: 2a./J. 154/2010).

Inicio

Las facultades de las autoridades para imponer sanciones por faltas administrativas no graves prescribirán en tres años, contados a partir del día siguiente al que se hubieren cometido las infracciones (conductas instantáneas), o a partir del momento en que hubieren cesado (conductas continuas).

Las faltas graves o de particulares prescribirán en siete años contados en los mismos términos que las faltas no graves.

Interrupción

La legislación era confusa al establecer dos momentos distintos para interrumpir la prescripción. Afortunadamente, la primera Sala de la Suprema Corte de Justicia de la Nación, al estudiar la constitucionalidad del párrafo tercero del artículo 74 de la Ley General de Responsabilidades Administrativas, en el amparo en revisión 269/2021, precisó que la prescripción de la acción sancionatoria en los procedimientos de responsabilidad administrativa, se interrumpirá con la notificación al probable responsable de la actuación que genere esta suspensión, de manera que tenga plena certeza de cuál es la actuación que la genera y el momento en que ésta tuvo lugar. Así, en la etapa de investigación la prescripción se interrumpe con la calificación de la conducta y en el procedimiento, con la admisión del Informe de Presunta Responsabilidad Administrativa. Esta determinación fue difundida por la Suprema Corte en el comunicado de prensa número

44

078/2022 de fecha 09 de marzo de 2022 y generó dos jurisprudencias: Tesis: 1a./J. 51/2022 (11a.) y Tesis: 1a./J. 52/2022 (11a.).

Reinicio

La interrupción de la prescripción lleva implícito su reinicio. Así, en la etapa de substanciación, los plazos se reanudan con la notificación de la admisión del informe de presunta responsabilidad administrativa o emplazamiento.

En la etapa de resolución, el plazo se reanuda a partir de que se notifica al servidor público la resolución (Tesis I.16o.A.10 A).

CAPÍTULO VIII

SOBRESEIMIENTO

Sobreseer consiste en "poner fin a un procedimiento penal o sancionador sin llegar a una resolución de fondo" (RAE, 2017). Tiene efecto de sentencia absolutoria, inhibe una nueva persecución por el mismo hecho y hace cesar todas las medidas cautelares que se hubieren dictado. "Puede ser total o parcial" (LFPCA, 2005, art. 9).

Son causas de sobreseimiento las siguientes (LGRA, 2016, art. 197):

1. Cuando se actualice o sobrevenga cualquiera de las causas de improcedencia previstas en esta Ley;

2. Cuando por virtud de una reforma legislativa, la Falta administrativa que se imputa al presunto responsable haya quedado derogada, y

3. Cuando el señalado como presunto responsable muera durante el Procedimiento de Responsabilidad Administrativa.

Para efectos de la primera causa de sobreseimiento, la improcedencia se actualiza con las siguientes circunstancias (LGRA, 2016, art. 196):

1. Cuando la Falta administrativa haya prescrito;

2. Cuando los hechos o las conductas materia del procedimiento no fueran de competencia de las autoridades substanciadoras o resolutoras del asunto. En este caso, mediante oficio, el asunto se deberá hacer del conocimiento a la autoridad que se estime competente;

3. Cuando las Faltas administrativas que se imputen al presunto responsable ya hubieran sido objeto de una resolución que haya causado ejecutoria pronunciada por las autoridades resolutoras del asunto, siempre que el señalado como presunto responsable sea el mismo en ambos casos;

4. Cuando de los hechos que se refieran en el Informe de Presunta Responsabilidad Administrativa, no se advierta la comisión de Faltas administrativas, y

5. Cuando se omita acompañar el Informe de Presunta Responsabilidad Administrativa.

CAPÍTULO IX

PARTES EN EL PROCEDIMIENTO

El artículo 116 de la Ley General de Responsabilidades Administrativas señala que son partes en el procedimiento los siguientes:

1. La Autoridad investigadora;

2. El servidor público señalado como presunto responsable de la falta administrativa grave o no grave;

3. El particular, sea persona física o moral, señalado como presunto responsable en la comisión de Faltas de particulares, y

4. Los terceros, que son todos aquellos a quienes pueda afectar la resolución que se dicte en el Procedimiento de Responsabilidad Administrativa, incluido el denunciante.

No obstante, para efectos prácticos y de estudio, en este material clasificaremos a las partes de la siguiente manera:

1. Autoridad investigadora,

2. Denunciante, y

3. Presunto responsable (servidor público o particular).

Autoridad investigadora

La autoridad investigadora es el servidor público asignado en las Secretarías, los Órgano internos de control, la Auditoría Superior de la Federación y las entidades de fiscalización de las entidades federativas, así como las unidades de responsabilidades de las empresas productivas del Estado encargada de la investigación de faltas administrativas y tiene las atribuciones siguientes:

1. Observar durante la investigación los principios de legalidad, imparcialidad, objetividad, congruencia, verdad material y respeto a los derechos humanos. (LGRA, 2016, art. 90);

2. Incorporar a la investigación las técnicas, tecnologías y métodos de investigación que observen las mejores prácticas internacionales. (LGRA, 2016, art. 90);

3. Cooperar con las autoridades internacionales a fin de fortalecer los procedimientos de investigación, compartir las mejores prácticas internacionales, y combatir de manera efectiva la corrupción (LGRA, 2016, art. 90);

4. Establecer áreas de fácil acceso, para que cualquier interesado pueda presentar denuncias por presuntas Faltas administrativas (LGRA, 2016, art. 92);

5. Llevar acabo de oficio las auditorías o investigaciones debidamente fundadas y motivadas respecto de las conductas de los Servidores Públicos y particulares que puedan constituir responsabilidades administrativas (LGRA, 2016, art. 94);

6. Tener acceso a la información necesaria para el esclarecimiento de los hechos aun las que tengan carácter de reservada o confidencial (LGRA, 2016, art. 95);

7. Ordenar la práctica de visitas de verificación (LGRA, 2016, art. 95);

8. Otorgar un plazo de cinco hasta quince días hábiles para la atención de sus requerimientos, sin perjuicio de

poder ampliarlo por causas debidamente justificadas (LGRA, 2016, art. 96);

9. Solicitar información o documentación a cualquier persona física o moral con el objeto de esclarecer los hechos relacionados con la comisión de presuntas Faltas administrativas (LGRA, 2016, art. 96);

10. Recibir y tramitar las denuncias que le presenten (LGRA, 2016, art. 95);

11. Notificar al denunciante el trámite dado a su denuncia (Tesis: 2a./J. 25/2015 [10a.]);

12. Hacer uso de medidas para hacer cumplir sus determinaciones (LGRA, 2016, art. 97);

13. Determinar la existencia o inexistencia de actos u omisiones que la ley señale como falta administrativa y en su caso calificarla como grave o no grave (LGRA, 2016, art. 100);

14. Notificar al denunciante, cuando fuere identificable, la calificación de los hechos como faltas administrativas no graves y la forma en que podrá acceder al Expediente de Presunta Responsabilidad Administrativa (LGRA, 2016, art. 100);

15. Recibir escrito de impugnación de calificación de falta y correr traslado, adjuntando el expediente integrado y un informe en el que justifique la calificación impugnada, a la Sala Especializada en materia de Responsabilidades Administrativas que corresponda (LGRA, 2016, art. 104);

16. Elaborar el Informe de Presunta Responsabilidad Administrativa y presentarlo ante la autoridad substanciadora (LGRA, 2016, arts. 100 y 194);

17. Emitir acuerdo de conclusión y archivo de expediente cuando no cuente con elementos suficientes para demostrar la existencia de la infracción y la presunta responsabilidad del infractor (LGRA, 2016, art. 100);

18. Impugnar la abstención de iniciar el Procedimiento de Responsabilidad Administrativa de la autoridad substanciadora o resolutora, en su caso (LGRA, 2016, art. 101);

19. Solicitar a la autoridad substanciadora o resolutora, el decreto de medidas cautelares (LGRA, 2016, art. 123);

20. Señalar y ofrecer pruebas en el procedimiento (LGRA, 2016, art. 194), y

21. Interponer recurso de reclamación contra las resoluciones de las autoridades substanciadoras o resolutoras que desechen o tengan por no presentado el Informe de Presunta Responsabilidad Administrativa, alguna prueba y decreten el sobreseimiento; y aquellas que admitan o rechacen del tercero interesado (LGRA, 2016, art. 213).

Denunciante

El denunciante es la persona física o moral, o el Servidor Público que acude ante las Autoridades investigadoras, con el fin de denunciar actos u omisiones que pudieran constituir o vincularse con Faltas administrativas (LGRA, 2016, art. 3, f. IX).

Derechos.

Los derechos que tiene el denunciante, pueden resumirse básicamente en los siguientes.

1. Que se reciba su denuncia;

2. Que se le notifique el acuerdo recaído a su denuncia;

3. Que se le concedan las medidas de protección necesarias;

4. Que no se revele su identidad cuando tenga el carácter de denunciante anónimo;

5. Que se le notifique el acuerdo de conclusión y archivo del expediente cuando no se encuentren elementos suficientes para demostrar la existencia de la infracción y la presunta responsabilidad del infractor;

6. Que se le notifique la calificación de los hechos como faltas administrativas no graves que realicen las autoridades investigadoras;

7. Que se le notifique la forma en que podrá acceder al expediente de presunta responsabilidad administrativa;

8. Interponer recurso de inconformidad en contra de la calificación de faltas no graves.

9. Impugnar en amparo indirecto, la negativa a iniciar una investigación, así como la decisión que ordena su conclusión y archivo, por falta de elementos.

10. Interponer recurso de inconformidad en contra de las autoridades substanciadoras, o en su caso, las resolutoras cuando se abstengan de iniciar el Procedimiento de Responsabilidad Administrativa o de imponer sanciones administrativas al servidor público denunciado;

11. Ser llamados al Procedimiento de Responsabilidad Administrativa, a más tardar durante la audiencia inicial y manifestar lo que a su derecho convenga y ofrecer pruebas, y

12. Que se le notifique la resolución del Procedimiento de Responsabilidad Administrativa.

"La participación activa del denunciante, en la fase de investigación, en modo alguno incluye el acceso al expediente como coadyuvante de la autoridad" (Tesis: I.12o.A.1 A [11a.]).

Presunto responsable

El presunto responsable es el servidor público a quien la autoridad investigadora le imputa una infracción en el Informe de Presunta Responsabilidad Administrativa. Anterior a ello se le denomina investigado, servidor público investigado o servidor público sujeto a investigación.

Derechos.

1. Que no se le presente públicamente como responsable de la comisión de la falta que se le imputa (LGRA, 2016, art. 124 f. I);

2. Que se le proporcione copia certificada del Informe de Presunta Responsabilidad Administrativa y del acuerdo por el que se admite; de las constancias del Expediente integrado en la investigación, así como de las demás constancias y pruebas que hayan aportado u ofrecido las autoridades investigadoras (LGRA, 2016, art. 193 f. I);

3. Que se le haga saber con precisión el día, el lugar y la hora que tendrá verificativo la audiencia inicial del Procedimiento de Responsabilidad Administrativa (LGRA, 2016, art. 208 f. II);

4. Que reciba información expresa, clara, integral y suficientemente detallada, que le permita ejercer su derecho de defensa (Caso Barreto Leyva vs, Venezuela, párr. 28);

5. Que se le haga saber su derecho que tiene a no declarar contra de sí mismo ni a declararse culpable (LGRA, 2016, art. 208 f. II);

6. Que pueda ser asistido por un defensor perito en la materia y que, de no contar con un defensor, le sea nombrado un defensor de oficio (LGRA, 2016, art. 208 f. II);

7. Que la celebración de la audiencia inicial en la que debe comparecer se le notifique con un plazo no menor de diez días hábiles (LGRA, 2016, art. 208 f. III);

8. Que se le reciban las pruebas que ofrezca (LGRA, 2016, art. 208 f. V);

9. Que se le conceda el derecho de alegar (LGRA, 2016, art. 208 f. X);

10. Que se le notifique personalmente la resolución (LGRA, 2016, art. 208 f. V), y

11. Recurrir la resolución en la cual se le imponga alguna sanción (LGRA, 2016, arts. 210 y 215).

La esposa del investigado puede constituirse en tercero en la etapa de investigación y ejercer su derecho de audiencia, para demostrar la titularidad de sus bienes, cuando estos son tomados como parte del patrimonio del servidor público investigado, mientras se resuelve el fondo del asunto (Tesis: I.4o.A.4 A [11a.]).

CAPÍTULO X

MEDIDAS

Las medidas que dispone la autoridad investigadora para hacer cumplir sus determinaciones son las siguientes (LGRA, 2016, art. 97):

1. Multa hasta por la cantidad equivalente de cien a ciento cincuenta veces el valor diario de la Unidad de Medida y Actualización, la cual podrá duplicarse o triplicarse en cada ocasión, hasta alcanzar dos mil veces el valor diario de la Unidad de Medida y Actualización, en caso de renuencia al cumplimiento del mandato respectivo;

2. Solicitar el auxilio de la fuerza pública de cualquier orden de gobierno, los que deberán de atender de inmediato el requerimiento de la autoridad, o

3. Arresto hasta por treinta y seis horas.

El legislador no estableció una diferencia entre las medidas y los medios de apremio, sólo planteó una modificación en el orden en que fueron presentadas en la ley. Su diferencia está en función de quien los aplica. Las medidas están reservadas para las autoridades investigadoras y los medios de apremio a las autoridades substanciadoras y resolutoras.

Los criterios orientadores de la Corte coinciden que la aplicación de medios de apremio es una atribución reservada a la autoridad judicial.

Tanto las medidas como los medios de apremio tienen como finalidad conseguir el cumplimiento de las determinaciones que dicten las autoridades, obligando a las personas a través de tales medios a que los acaten.

Los criterios establecidos en jurisprudencias o tesis respecto de las medidas de apremio, con sus propios matices y modulaciones, resultan orientadores para comprender mejor el alcance de las medidas.

Las consideraciones más relevantes que se obtuvieron en esta materia son las siguientes:

1. El juzgador, para hacer cumplir sus determinaciones, puede emplear los medios de apremio contra las personas que, sean partes o no en el litigio en que se decretan (Tesis VII.1o.C.32 C);

2. Se debe especificar claramente cuál o cuáles medios de apremios serán aplicados, al haber sido decretado el apercibimiento, pues de una manera genérica, no puede considerarse, en rigor, como un acto de aplicación del precepto legal que regula el empleo de los medios de apremio por los Jueces, toda vez que al desconocer la medida coactiva específica que le será aplicada en caso de no cumplir con la orden judicial, el obligado no cuenta con los elementos de defensa necesarios para impugnar en el juicio de garantías, con motivo de su aplicación, la constitucionalidad de la norma que los regula (Tesis P. XLIII/97);

3. Si el legislador no establece un orden para la imposición de las medidas de apremio que enumere en la norma respectiva, ha de considerarse que corresponde al arbitrio del juzgador, de acuerdo con la experiencia, la lógica y el buen sentido, aplicar el medio que juzgue eficaz para compeler al contumaz al cumplimiento de una determinación judicial (Tesis P./J. 21/96);

4. Cada nuevo requerimiento y nuevo apercibimiento correlativo decretados por el juzgador deben ser

notificados en forma personal a quien incumbe el cumplimiento (Tesis I.8o.C.14 C);

5. Cada medio de apremio puede utilizarse sólo una vez, respecto al incumplimiento de determinada obligación en el procedimiento correspondiente, con excepción de la multa, que puede duplicarse, en caso de reincidencia, por mandamiento específico (Tesis I.4o.C.1 C);

6. No es suficiente que en los autos por los que se hace efectivo un apercibimiento se diga que procede contra el representante legal de una persona moral determinada, sino que es necesario que se exprese el nombre de la persona física que ostente dicho cargo, pues una persona moral puede tener diversos representantes legales y, por ende, se impone especificar uno de ellos, debiéndose aludir a aquel de quien se dice se ha hecho merecedor de la sanción correspondiente, por conducirse en forma contumaz durante el procedimiento (Tesis IX.1o.55 K);

7. El apercibimiento es un requisito mínimo que debe reunir el mandamiento de autoridad para que sea legal la aplicación de la medida de apremio (Tesis 1a./J. 20/2001);

8. Ninguna de las partes puede compeler al juzgador para a hacer efectivo alguno de los medios de apremio, pues el juzgador es quien tiene la potestad para decidir cuándo es necesaria su aplicación (Tesis I.10o.T.1 K);

9. La procedencia de la imposición de la medida de apremio se genera en el momento mismo en que la persona obligada a cumplir con la determinación judicial no la acata; por lo que es irrelevante que con posterioridad cumpla con ella, habida cuenta de que la contumacia se dio en el momento mismo de la falta de

cumplimiento inmediato del mandato judicial (Tesis I.7o.C.11 K);

10. Las medidas de apremio pueden emplearse en cualquier etapa del procedimiento (Tesis VI.2o.57 C), y

11. La aplicabilidad de las medidas de apremio está sujeta a las siguientes condiciones: 1a. La existencia de una determinación, justa y fundada en derecho, que deba ser cumplida por las partes, o por alguna de las personas involucradas en el litigio. 2a. La comunicación oportuna, mediante notificación personal al obligado con el apercibimiento de que, de no obedecerla, se le aplicará una medida de apremio precisa y concreta. 3a. Que conste o se desprenda de autos la oposición o negativa injustificada del obligado a obedecer el mandamiento judicial, es decir, que el incumplimiento sea realmente un acto u omisión ilícitos. 4a. Una razón grave, a juicio del juzgador, para decretar el medio de apremio (Tesis I.4o.C. J/4).

SEGUNDA PARTE

ELEMENTOS QUE CONFORMAN LA FALTA ADMINISTRATIVA

CAPÍTULO I

ASPECTOS GENERALES

La falta administrativa, al igual que el delito se conforma por una conducta típica, antijurídica y culpable. Si bien, estos elementos se analizan en la sentencia como parte de una adecuada fundamentación y motivación del acto privativo, es la autoridad investigadora la encargada de allegar al Procedimiento de Responsabilidad Administrativa, las pruebas que acrediten, en su caso, la existencia de cada uno de estos elementos.

La autoridad investigadora deberá conocer con precisión cada uno de los que integran la falta, aun cuando para calificarla y elaborar el Informe de Presunta Responsabilidad sólo se requiera acreditar sus elementos objetivos y la presunta responsabilidad.

La conducta

"La conducta es la actividad o inactividad que se realiza con la intervención de la voluntad del agente" (Tesis XXVII.1o. [VIII región] 1 P [10ª]) y se analiza como presupuesto en las sentencias.

"Hay ausencia de conducta cuando la actividad o inactividad se realiza sin la intervención de la voluntad del agente."

La tipicidad

Es la constatación plena del encuadramiento exacto entre los componentes de una hipótesis delictiva descrita en la ley y un hecho concreto acontecido y probado en el mundo fáctico.

La tipicidad es un presupuesto indispensable del acreditamiento del injusto penal que se entiende como la desvaloración de un hecho sin ponderar aun el reproche posible a su autor, y constituye la base fundamental del principio de legalidad (Tesis II.2o.P.187 P).

El principio de tipicidad es extensivo a las infracciones y sanciones administrativas; implica que, si cierta disposición establece una conducta generadora de responsabilidad administrativa, dicho actuar del servidor público debe encuadrar exactamente en la hipótesis normativa previamente establecida, sin que sea lícito ampliar ésta por analogía ni por mayoría de razón (Tesis XVI.1o.A.45 A [10a.]).

Tanto los principios como las técnicas garantistas desarrolladas por el derecho penal son aplicables al derecho administrativo sancionador, en virtud de que ambos son manifestaciones del *ius puniendi* del Estado. Así, al aplicarse sanciones administrativas deben considerarse los elementos previstos por el derecho penal para la individualización de la pena, que señalan al juzgador su obligación de ponderar tanto aspectos objetivos (circunstancias de ejecución y gravedad del hecho ilícito) como subjetivos (condiciones personales del agente, peligrosidad, móviles, atenuantes, agravantes, etcétera), pues de lo contrario, la falta de razones suficientes impedirá al servidor público sancionado conocer los criterios fundamentales de la decisión, aunque le permita cuestionarla, lo que trascenderá en una indebida motivación en el aspecto material (Tesis I.4o.A.604 A).

El artículo 14 de la Constitución Federal consagra el conocido apotegma *nullum crimen sine poena, nullum poena sine lege certa* traducible como el que no puede haber delito sin pena ni pena sin ley específica y concreta para el hecho de que se trate (Tesis II.2o.P.187 P).

El juicio de tipicidad, existe cuando, además de verificarse la relación de todos los elementos de la figura típica, se dañe o concretamente se ponga en peligro el bien jurídico tutelado en el correspondiente tipo penal (Tesis XIX.2o.46 P).

Existe atipicidad cuando no se acredite la existencia de alguno de los elementos que integran el tipo legal.

La antijuridicidad

"Una conducta típica es antijurídica cuando contraviene el orden jurídico en su conjunto (antijuridicidad formal) reafirmando la lesión o puesta en peligro de los bienes jurídicos protegidos (antijuridicidad material)" (Tesis (XXVII.3o. J/6 [10a.]).

"La conducta típica es antijurídica si no interviene en favor del autor una causa o fundamento de justificación, esto es si resulta contraria a derecho" (Tesis XXVII.1o. [VIII región] 1 P [10ª]).

La Suprema Corte de Justicia de la Nación determinó que la sanción administrativa guarda una similitud fundamental con la penal, pues las dos tienen lugar como reacción frente a lo antijurídico y, por ende, ambas son manifestaciones de la potestad punitiva del Estado; por ello, en la interpretación de los principios del derecho administrativo sancionador puede acudirse, de manera prudente, a los principios penales sustantivos, para valorar la aplicación de sanciones derivadas de la comisión de una responsabilidad administrativa. En estas condiciones, si en materia penal, atento a la teoría del delito, es posible que aun cuando la conducta tipificada se materialice, si existe alguna causa de justificación, no puede decirse que sea antijurídica, en cuyo caso, no se configurará el delito, aplicado tal principio al valorarse si se actualiza o no una infracción por responsabilidad administrativa de servidores públicos, si se advierte que la conducta atiende a la orden emitida por el superior jerárquico, con las características de

65

un acto oficial, en el que un ente público conmina a su inferior a actuar de cierta manera y dicha conducta no evidencia por sí misma una ilegalidad, éste queda eximido de la responsabilidad que le es atribuida, puesto que, si en materia penal, para que el delito se configure deben converger los elementos que lo conforman (conducta típica, antijurídica y culpable), y si uno de éstos no se presenta no es posible hablar de su comisión y, por ende, no debe imponerse una pena, en materia de responsabilidades administrativas de los servidores públicos debe tenerse como una de las causas por las que no se materializa la antijuridicidad de la conducta infractora, el que ésta derive de la obediencia jerárquica, pues en ese supuesto debe entenderse que el inferior jerárquico no tiene otra opción que obedecer las órdenes de su superior, por lo cual no debe sancionársele, máxime si éstas no implican, por sí mismas, una evidente falta administrativa, es decir, si el servidor no está en posibilidad de saber si dicho actuar es o no erróneo (Tesis II.1o.A.12 A [10a.]).

La antijuridicidad se excluye cuando la conducta se justifica por el orden jurídico, al desplegarse para salvaguardar bienes jurídicos propios o ajenos de mayor valor que el lesionado, siendo las causas de justificación enunciadas por el legislador las siguientes: i) el consentimiento del titular del bien jurídico protegido (expreso o presunto); ii) la defensa legitima (expresa o presunta); iii)el estado de necesidad justificante; y iv) el cumplimiento de un deber o el ejercicio de un derecho. (Tesis: XXVII.3o. J/6 [10a.]).

La culpabilidad

"Una conducta típica, antijurídica es culpable cuando al autor o partícipe del delito [en nuestro caso falta administrativa] le es reprochable el haber contravenido el orden jurídico" (Tesis: XXVII.3o. J/7 [10a.])

La conducta típica y antijurídica es culpable cuando es reprochable al sujeto, y sólo puede serlo cuando se presenten los siguientes elementos:

1. La imputabilidad, es decir que, al momento de realizar el hecho típico, el agente tenga la capacidad de comprender el carácter ilícito del hecho o de conducirse de acuerdo con esa comprensión;

2. Conocimiento de la antijuridicidad, que consiste en que el sujeto conozca la existencia de la ley o el alcance de la misma, y

3. Exigibilidad de otra conducta, es decir, que atentas las circunstancias que concurran en la realización de una conducta típica y antijurídica, sea racionalmente exigible al sujeto activo una conducta diversa a la que realizó.

(Tesis: XXVII.1o. [VIII región] 1 P [10ª]).

La conducta típica y antijuridica no es reprochable al sujeto por:

a) Inimputabilidad, es decir que, al momento de realizar el hecho típico, el agente no tenga la capacidad de comprender el carácter ilícito del hecho o de conducirse de acuerdo con esa compresión,

b) Error de prohibición, cuando se realice la acción o la omisión bajo un error invencible respecto de la antijuridicidad de la conducta, ya sea porque el sujeto activo incurra en error respecto de la existencia de la ley o el alcance de la misma, o porque estime erróneamente que está justificada su conducta,

c) Inexigibilidad de otra conducta, cuando atenta las circunstancias que concurran en la realización de una conducta típica y antijurídica no sea racionalmente exigible al sujeto activo una conducta diversa a la que realizó en virtud de no haberse podido conducir conforme a derecho.

(Tesis: XXVII.1o. [VIII región] 1 P [10^a]).

CAPÍTULO II

CONJUNCIONES

Las conjunciones son una "clase de palabras invariables, generalmente átonas, cuyos elementos manifiestan relaciones de coordinación o subordinación entre palabras, grupos sintácticos u oraciones" (RAE, 2017).

En las descripciones del tipo se encuentran conjunciones copulativas y disyuntivas que debemos identificar. La conjunción copulativa "forma conjuntos cuyos elementos se suman" (RAE, 2017). La "e" y la "y" son conjunciones copulativas. Ejemplo: *Presentar en tiempo y forma las declaraciones. Cuidar la documentación e información.* La conjunción disyuntiva "une elementos sintácticos mediante disyunción" (RAE, 2017). La "o" y la "u" son conjunciones disyuntivas. Ejemplo: *Recibir instrucción o encomienda contraria. Denunciar los actos u omisiones.*

Las conjunciones "e" "y" adicionan elementos al tipo, en la mayoría de los casos, en tanto que las conjunciones "o" "u" permiten elegir un elemento del tipo entre diversas opciones.

La descripción legislativa de las conductas ilícitas debe gozar de tal claridad y univocidad que el juzgador pueda conocer su alcance y significado al realizar el proceso mental de adecuación típica, sin necesidad de recurrir a complementaciones legales que superen la interpretación y que lo llevarían al terreno de la creación legal para suplir las imprecisiones de la norma (Tesis P./J. 100/2006).

Consideramos que en la redacción de algunas obligaciones el legislador no cuidó el empleo de las conjunciones lo que generará conflicto al momento de determinar el tipo.

g) Elementos subjetivo genérico: dolo (directo o eventual) o culpa (con representación o sin representación),

h) Si el tipo legal lo incorpora elementos subjetivos específicos.

(Tesis (XXVII.1o. [VIII región] 1 P [10ª]).

No todos los tipos tienen los mismos elementos, pero estos en agruparse, de manera general, en elementos objetivos y tivos, y estos a su vez, pueden involucrar otros cuando el tipo equiera.

Al verlo desde esta perspectiva el estudio del tipo es plejo, por ello basta tener presente que "existe conducta típica do estén acreditados todos los elementos que integran el tipo de que se trate".

De la revisión a las Jurisprudencias: XXVII.3º.J/5 (10a.) y 1a. CLXXIII/2016 (10a.) y XXVII.1o. (VIII región) 1 P (10ª), esprende con mayor claridad la agrupación de los elementos del no olvidando que el tipo de que se trate impone que elementos tegran:

Elementos objetivos:

- Elementos descriptivos,

- Elementos normativos,

  o Jurídicos

  o Culturales

Elementos subjetivos:

- Genéricos

  o Dolo (directo o eventual)

  o Culpa (con o sin representación)

- Específicos

Lo que el legislador no precisa en la Ley tendrá que hacerlo la jurisprudencia, en su momento. En ese proceso, las autoridades tendrán criterios distintos y habrá opiniones diversas.

CAPÍTULO III

ELEMENTOS DEL TIPO DE LAS FALTAS NO GRAVES

Si la tipicidad consiste en acomodar la conducta en el tipo penal, entonces, es fundamental conocer que es el tipo y cuáles son sus elementos.

Definición de tipo penal.

El tipo penal es la hipótesis normativa que regula una conducta como delito (Tesis XIX.2o.46 P).

Elementos del tipo

Las descripciones típicas suelen tener los siguientes elementos:

a) La correspondiente acción u omisión;

b) El resultado ya sea formal o material;

c) El nexo causal entre la acción u omisión y el resultado (formal o material);

d) La lesión o puesta en peligro a que hubiere sido puesto el bien jurídico protegido;

e) Si el tipo lo requiere:

    a. La calidad especifica en los sujetos activos o pasivos,

    b. Medios comisivos utilizados,

    c. Las circunstancias de lugar, tiempo, modo y ocasión,

f) La forma de intervención del o los sujetos activos (autoría o participación),

g) Elementos subjetivo genérico: dolo (directo o eventual) o culpa (con representación o sin representación),

h) Si el tipo legal lo incorpora elementos subjetivos específicos.

(Tesis (XXVII.1o. [VIII región] 1 P [10ª]).

No todos los tipos tienen los mismos elementos, pero estos pueden agruparse, de manera general, en elementos objetivos y subjetivos, y estos a su vez, pueden involucrar otros cuando el tipo los requiera.

Al verlo desde esta perspectiva el estudio del tipo es complejo, por ello basta tener presente que "existe conducta típica cuando estén acreditados todos los elementos que integran el tipo legal de que se trate".

De la revisión a las Jurisprudencias: XXVII.3º.J/5 (10a.) y tesis 1a. CLXXIII/2016 (10a.) y XXVII.1o. (VIII región) 1 P (10ª), se desprende con mayor claridad la agrupación de los elementos del tipo, no olvidando que el tipo de que se trate impone que elementos lo integran:

Elementos objetivos:

- Elementos descriptivos,
- Elementos normativos,
  - Jurídicos
  - Culturales

Elementos subjetivos:

- Genéricos
  - Dolo (directo o eventual)
  - Culpa (con o sin representación)
- Específicos

- o Animo,
- o Intenciones,
- o Finalidades, y
- o otros

Elementos del tipo de la obligación prevista en el artículo 49 fracción I de la Ley General de Responsabilidades Administrativas

Descripción típica.

Cumplir con las funciones, atribuciones y comisiones encomendadas, observando en su desempeño disciplina y respeto, tanto a los demás Servidores Públicos como a los particulares con los que llegare a tratar, en los términos que se establezcan en el código de ética a que se refiere el artículo 16 de esta Ley.

Elementos objetivos del tipo.

Tipo 1.

- Que el sujeto activo tenga calidad de servidor público,

- Que el sujeto activo no cumpla con sus funciones, atribuciones o comisiones encomendadas.

Tipo 2.

- Que el sujeto activo tenga calidad de servidor público,

- Que el sujeto activo no observe disciplina en el desempeño de sus funciones, atribuciones o comisiones encomendadas.

Tipo 3.

- Que el sujeto activo tenga calidad de servidor público,

- Que el sujeto activo, en el desempeño de sus funciones, atribuciones o comisiones encomendadas, no observe respeto, a los demás servidores públicos con los que llegare a tratar, en los términos que se establezcan en el código de ética a que se refiere el artículo 16 de la Ley General de Responsabilidades Administrativas.

Tipo 4.

- Que el sujeto activo tenga calidad de servidor público,

- Que el sujeto activo, en el desempeño de sus funciones, atribuciones o comisiones encomendadas, no observe respeto a los particulares con los que llegare a tratar, en los términos que se establezcan en el código de ética a que se refiere el artículo 16 de la Ley General de Responsabilidades Administrativas.

Este tipo ha encabezado acalorados debates en talleres y cursos, ya que su redacción es imprecisa. Da margen a diversas interpretaciones. Contiene tipos abiertos. Concentra varias obligaciones y no están claramente definidas.

Elementos subjetivos del tipo.

Esta falta puede ser dolosa o culposa.

Elementos del tipo de la obligación prevista en el artículo 49 fracción II de la Ley General de Responsabilidades Administrativas

Descripción típica.

Denunciar los actos u omisiones que en ejercicio de sus funciones llegare a advertir, que puedan constituir faltas administrativas, en términos del artículo 93 de la presente Ley;

Elementos objetivos del tipo.

- Que el sujeto activo tenga calidad de servidor público,

- Que existan actos u omisiones que puedan constituir faltas administrativas,

- Que por la naturaleza de sus funciones el sujeto activo las advierta, y

- Que se abstenga de denunciar.

Elementos subjetivos del tipo.

Esta falta puede ser dolosa o culposa.

Elementos del tipo de la obligación prevista en el artículo 49 fracción III de la Ley General de Responsabilidades Administrativas

Descripción típica.

Atender las instrucciones de sus superiores, siempre que éstas sean acordes con las disposiciones relacionadas con el servicio público.

En caso de recibir instrucción o encomienda contraria a dichas disposiciones, deberá denunciar esta circunstancia en términos del artículo 93 de la presente Ley;

Elementos objetivos del tipo.

Tipo 1.

- Que el sujeto activo tenga calidad de servidor público,

- Que el sujeto activo reciba instrucciones de un superior,

- Que las instrucciones recibidas sean acordes con las disposiciones relacionadas con el servicio público, y

- Que el sujeto activo no la atienda,

Tipo 2.

- Que el sujeto activo tenga calidad de servidor público,

- Que el sujeto activo reciba instrucción o encomienda,

- Que la instrucción o encomienda sea contraria a las disposiciones relacionadas con el servicio público, y

- Que el sujeto activo no denuncie.

Elementos subjetivos del tipo.

Esta falta puede ser dolosa o culposa.

77

Elementos del tipo de la obligación prevista en el artículo 49 fracción IV de la Ley General de Responsabilidades Administrativas

Descripción típica.

Presentar en tiempo y forma las declaraciones de situación patrimonial y de intereses, en los términos establecidos por esta Ley.

Elementos objetivos del tipo.

Tipo 1.

- Que el sujeto activo tenga calidad de servidor público,

- Que la declaración inicial de situación patrimonial y de intereses no se presente dentro de los sesenta días naturales siguientes a la toma de posesión con motivo del ingreso al servicio público por primera vez o del reingreso después de sesenta días naturales de la conclusión de su último encargo.

Tipo 2.

- Que el sujeto activo tenga calidad de servidor público,

- Que la declaración de modificación patrimonial no se presente durante el mes de mayo de cada año.

Tipo 3.

- Que el sujeto activo tenga calidad de servidor público,

- Que la declaración de conclusión del encargo no se presente dentro de los sesenta días naturales siguientes a la conclusión.

Tipo 4.

- Que el sujeto activo tenga calidad de servidor público,

- Que la declaración inicial de situación patrimonial y de intereses no se presente en el formato que, a la entrada en vigor de la Ley General de Responsabilidades Administrativas, se utilicen en el ámbito federal o en aquellos que determine el Comité Coordinador del Sistema Nacional Anticorrupción.

Tipo 5.

- Que el sujeto activo tenga calidad de servidor público,

- Que la declaración de modificación patrimonial no se presente formato que, a la entrada en vigor de la Ley General de Responsabilidades Administrativas, se utilicen en el ámbito federal o en aquellos que determine el Comité Coordinador del Sistema Nacional Anticorrupción.

Tipo 6.

- Que el sujeto activo tenga calidad de servidor público,

  Que la declaración de conclusión del encargo no se presente en el formato que, a la entrada en vigor de la Ley General de Responsabilidades Administrativas, se utilicen en el ámbito federal o en aquellos que determine el Comité Coordinador del Sistema Nacional Anticorrupción.

Elementos subjetivos del tipo.

Esta falta puede ser dolosa o culposa.

El tiempo y la forma en que deben presentarse las declaraciones de situación patrimonial se encuentran regulados en los artículos 32 al 42 de la Ley General de Responsabilidades Administrativas.

Elementos del tipo de la obligación prevista en el artículo 49 fracción V de la Ley General de Responsabilidades Administrativas

Descripción típica.

Registrar, integrar, custodiar y cuidar la documentación e información que, por razón de su empleo, cargo o comisión, tenga bajo su responsabilidad, e impedir o evitar su uso, divulgación, sustracción, destrucción, ocultamiento o inutilización indebidos;

Elementos objetivos del tipo.

- Que el sujeto activo tenga calidad de servidor público,

- Que se use, divulgue, sustraiga, destruya, oculte o inutilice indebidamente documentación e información,

- Que el sujeto activo haya tenido bajo su responsabilidad registrar, integrar, custodiar y cuidar la documentación e información vulnerada.

Elementos subjetivos del tipo.

Esta falta puede ser dolosa o culposa.

Elementos del tipo de la obligación prevista en el artículo 49 fracción VI de la Ley General de Responsabilidades Administrativas

Descripción típica.

Supervisar que los Servidores Públicos sujetos a su dirección, cumplan con las disposiciones de este artículo;

Elementos objetivos del tipo.

- Que el sujeto activo tenga calidad de servidor público,

- Que el sujeto activo tenga servidores públicos bajo su dirección,

- Que el sujeto activo no supervise que las personas bajo su dirección cumplan las obligaciones previstas en el artículo 49 de la Ley General de Responsabilidades Administrativas.

Elementos subjetivos del tipo.

Esta falta puede ser dolosa o culposa.

Elementos del tipo de la obligación prevista en el artículo 49 fracción VII de la Ley General de Responsabilidades Administrativas

Descripción típica.

Rendir cuentas sobre el ejercicio de las funciones, en términos de las normas aplicables;

Elementos objetivos del tipo.

- Que el sujeto activo tenga calidad de servidor público,

- Que el sujeto activo no rinda cuentas sobre el ejercicio de sus funciones, y

- Que existan normas que obliguen al sujeto activo a rendir cuentas sobre el ejercicio de sus funciones.

Elementos subjetivos del tipo.

Esta falta puede ser dolosa o culposa.

Elementos del tipo de la obligación prevista en el artículo 49 fracción VIII de la Ley General de Responsabilidades Administrativas

Descripción típica.

Colaborar en los procedimientos judiciales y administrativos en los que sea parte,

Elementos objetivos del tipo.

Tipo 1.

- Que el sujeto activo tenga calidad de servidor público,

- Que se requiera la colaboración del sujeto activo en un procedimiento judicial en el que sea parte, y

- Que el sujeto activo no colabore.

Tipo 2.

- Que el sujeto activo tenga calidad de servidor público,

- Que se requiera la colaboración del sujeto activo en un procedimiento administrativo en el que sea parte, y

- Que el sujeto activo no colabore.

Elementos subjetivos del tipo.

Estas faltas pueden ser dolosas o culposas.

Elementos del tipo de la obligación prevista en el artículo 49 fracción IX de la Ley General de Responsabilidades Administrativas

Descripción típica.

Cerciorarse antes de la celebración de contratos de adquisiciones, arrendamientos o para la enajenación de todo tipo de bienes, prestación de servicios de cualquier naturaleza o la contratación de obra pública o servicios relacionados con ésta, que el particular manifieste bajo protesta de decir verdad que no desempeña empleo, cargo o comisión en el servicio público o, en su caso, que a pesar de desempeñarlo, con la formalización del contrato correspondiente no se actualiza un Conflicto de Interés. Las manifestaciones respectivas deberán constar por escrito y hacerse del conocimiento del Órgano interno de control, previo a la celebración del acto en cuestión. En caso de que el contratista sea persona moral, dichas manifestaciones deberán presentarse respecto a los socios o accionistas que ejerzan control sobre la sociedad;

Elementos objetivos del tipo.

- Que el sujeto activo tenga calidad de servidor público,

- Que se haya celebrado un contrato de adquisiciones, arrendamientos o para la enajenación de todo tipo de bienes, prestación de servicios de cualquier naturaleza o la contratación de obra pública o servicios relacionados con ésta.

- Que previo a la celebración del acto en cuestión, el particular no haga del conocimiento (por escrito y bajo protesta de decir verdad), del Órgano interno de control, que no desempeña empleo, cargo o comisión en el servicio público o, en su caso, que a pesar de desempeñarlo, con la formalización del contrato correspondiente no se actualiza un Conflicto de Interés (en caso de que el contratista sea persona moral, dichas manifestaciones deberán presentarse respecto a los socios o accionistas que ejerzan control sobre la sociedad).

- Que el servidor público responsable de la celebración del contrato no se haya cerciorado del cumplimiento de la obligación que tenía el particular.

Elementos subjetivos del tipo.

Esta falta puede ser dolosa o culposa.

Elementos del tipo de la obligación prevista en el artículo 49 fracción X de la Ley General de Responsabilidades Administrativas

Descripción típica.

Previo a realizar cualquier acto jurídico que involucre el ejercicio de recursos públicos con personas jurídicas, revisar su constitución y, en su caso, sus modificaciones con el fin de verificar que sus socios, integrantes de los consejos de administración o accionistas que ejerzan control no incurran en conflicto de interés;

Elementos objetivos del tipo.

- Que el sujeto activo tenga la calidad de servidor público;

- Que se realice cualquier acto jurídico que involucre el ejercicio de recursos públicos con personas jurídicas;

- Que previo a la realización del acto jurídico, el servidor público responsable, no revise, la constitución de las personas morales y, en su caso, sus modificaciones, con el fin de verificar que sus socios, integrantes de los consejos de administración o accionistas que ejerzan control no incurran en conflicto de interés.

Elementos subjetivos del tipo.

Esta falta puede ser dolosa o culposa.

Elementos del tipo de la obligación prevista en el artículo 50 de la Ley General de Responsabilidades Administrativas

Descripción típica.

Que se cause daños y perjuicios, de manera culposa o negligente, a la Hacienda Pública o al patrimonio de un Ente público, sin incurrir en alguna de las faltas administrativas graves.

Elementos objetivos del tipo.

- Que el sujeto activo tenga calidad de servidor público,

- Que se cause daños y perjuicios a la Hacienda Pública o al patrimonio de un Ente público,

- Que exista culpa o negligencia por parte del sujeto activo,

- Que no se incurra en alguna de las faltas administrativas graves.

CAPÍTULO IV

ELEMENTOS DEL TIPO DE FALTAS GRAVES

Cohecho

Descripción típica.

Incurrirá en cohecho el servidor público que exija, acepte, obtenga o pretenda obtener, por sí o a través de terceros, con motivo de sus funciones, cualquier beneficio no comprendido en su remuneración como servidor público, que podría consistir en dinero; valores; bienes muebles o inmuebles, incluso mediante enajenación en precio notoriamente inferior al que se tenga en el mercado; donaciones; servicios; empleos y demás beneficios indebidos para sí o para su cónyuge, parientes consanguíneos, parientes civiles o para terceros con los que tenga relaciones profesionales, laborales o de negocios, o para socios o sociedades de las que el servidor público o las personas antes referidas formen parte.

También incurrirá en cohecho, el servidor público que se abstenga de devolver el pago en demasía de su legítima remuneración de acuerdo a los tabuladores que al efecto resulten aplicables, dentro de los 30 días naturales siguientes a su recepción (LGRA, 2019, art. 52).

Elementos objetivos del tipo.

Tipo 1

- Que el sujeto activo tenga calidad de servidor público,

- Que, con motivo de sus funciones, el sujeto activo exija, acepte, obtenga o pretenda obtener cualquier beneficio no comprendido en su remuneración como servidor público (que podría consistir en dinero; valores; bienes muebles o inmuebles, incluso mediante enajenación en precio notoriamente inferior al que se tenga en el mercado; donaciones; servicios; empleos y demás beneficios indebidos),

- Que la conducta indebida (exigir, aceptar, obtener o pretender obtener) la realice el sujeto activo por sí o a través de terceros,

- Que el beneficio sea para el sujeto activo o para su cónyuge, parientes consanguíneos, parientes civiles o para terceros con los que tenga relaciones profesionales, laborales o de negocios, o para socios o sociedades de las que el servidor público o las personas antes referidas formen parte.

Tipo 2.

- Que el sujeto activo tenga calidad de servidor público,

- Que el sujeto activo reciba un pago que exceda a su legítima remuneración, de acuerdo a los tabuladores que al efecto resulten aplicables,

- Que no devuelva el pago en demasía, dentro de los 30 días naturales siguientes a su recepción

Elementos subjetivos del tipo.

Esta falta puede ser dolosa o culposa.

Peculado

Descripción típica.

Cometerá peculado el servidor público que autorice, solicite o realice actos para el uso o apropiación para sí o para las personas a las que se refiere el artículo anterior, de recursos públicos, sean materiales, humanos o financieros, sin fundamento jurídico o en contraposición a las normas aplicables (LGRA, 2016, art. 53).

Elementos objetivos del tipo.

- Que el sujeto activo tenga calidad de servidor público,

- Que el sujeto activo autorice, solicite o realice actos para el uso o apropiación de recursos públicos (materiales, humanos o financieros),

- Que el beneficio sea para el sujeto activo o para su cónyuge, parientes consanguíneos, parientes civiles o para terceros con los que tenga relaciones profesionales, laborales o de negocios, o para socios o sociedades de las que el servidor público o las personas antes referidas formen parte,

- Que el acto se realice sin fundamento jurídico o en contraposición a las normas aplicables.

Elementos subjetivos del tipo.

Esta falta es dolosa.

Desvío de recursos públicos

Descripción típica.

Será responsable de desvío de recursos públicos el servidor público que autorice, solicite o realice actos para la asignación o desvío de recursos públicos, sean materiales, humanos o financieros, sin fundamento jurídico o en contraposición a las normas aplicables.

Se considerará desvío de recursos públicos, el otorgamiento o autorización, para sí o para otros, del pago de una remuneración en contravención con los tabuladores que al efecto resulten aplicables, así como el otorgamiento o autorización, para sí o para otros, de pagos de jubilaciones, pensiones o haberes de retiro, liquidaciones por servicios prestados, préstamos o créditos que no estén previstos en ley, decreto legislativo, contrato colectivo, contrato ley o condiciones generales de trabajo (LGRA, 2016, art. 54).

Elementos objetivos del tipo.

Tipo 1

- Que el sujeto activo tenga calidad de servidor público,

- Que el sujeto activo autorice, solicite o realice actos para la asignación o desvío de recursos públicos (sean materiales, humanos o financieros), y

- Que el acto de origen (autorizar, solicitar o realizar) no tenga fundamento jurídico o se realice en contraposición a las normas aplicables.

Tipo 2

- Que el sujeto activo tenga calidad de servidor público,

- Que se otorgue o autorice, para sí o para otros, el pago de una remuneración,

- Que el otorgamiento o autorización de pago, contravenga los tabuladores que al efecto resulten aplicables.

Tipo 3

- Que el sujeto activo tenga calidad de servidor público,

- Que el sujeto activo otorgue o autorice, para sí o para otros, el pago de jubilaciones, pensiones o haberes de retiro, liquidaciones por servicios prestados, préstamos o créditos,

- Que el otorgamiento o autorización, no esté previstos en ley, decreto legislativo, contrato colectivo, contrato ley o condiciones generales de trabajo.

Elementos subjetivos del tipo.

Esta falta puede ser dolosa o culposa.

Utilización indebida de información

Descripción típica.

Incurrirá en utilización indebida de información el servidor público que adquiera para sí o para las personas a que se refiere el artículo 52 de esta Ley, bienes inmuebles, muebles y valores que pudieren incrementar su valor o, en general, que mejoren sus condiciones, así como obtener cualquier ventaja o beneficio privado, como resultado de información privilegiada de la cual haya tenido conocimiento (LGRA, 2016, art. 55).

Elementos objetivos del tipo.

- Que el sujeto activo tenga calidad de servidor público,

- Que el sujeto activo, con motivo del encargo, haya tenido conocimiento de información privilegiada.

- Que como resultado de la información que tuvo conocimiento, adquiera bienes inmuebles, muebles o valores que pudieren incrementar su valor o, en general, que mejoren sus condiciones, así como obtener cualquier ventaja o beneficio privado.

- Que los bienes o valores, ventaja o beneficio, sean para el sujeto activo o para su cónyuge, parientes consanguíneos, parientes civiles o para terceros con los que tenga relaciones profesionales, laborales o de negocios, o para socios o sociedades de las que el servidor público o las personas antes referidas formen parte.

Elementos subjetivos del tipo.

Esta falta puede ser dolosa.

Abuso de funciones

Descripción típica.

Incurrirá en abuso de funciones la persona servidora o servidor público que ejerza atribuciones que no tenga conferidas o se valga de las que tenga, para realizar o inducir actos u omisiones arbitrarios, para generar un beneficio para sí o para las personas a las que se refiere el artículo 52 de esta Ley o para causar perjuicio a alguna persona o al servicio público; así como cuando realiza por sí o a través de un tercero, alguna de las conductas descritas en el artículo 20 Ter, de la Ley General de Acceso de las Mujeres a una Vida Libre de Violencia (LGRA, 2020, art. 57).

Elementos objetivos del tipo.

Tipo 1

- Que el sujeto activo tenga calidad de servidor público,

- Que el servidor público ejerza atribuciones que no tenga conferidas o se valga de las que tenga, para realizar o inducir actos u omisiones arbitrarios.

- Que los actos u omisiones arbitrarios estén encaminados a generar un beneficio para el servidor público o para su cónyuge, parientes consanguíneos, parientes civiles o para terceros con los que tenga relaciones profesionales, laborales o de negocios, o para socios o sociedades de las que el servidor público o las personas antes referidas formen parte.

Tipo 2

- Que el sujeto activo tenga calidad de servidor público,

- Que el servidor público ejerza atribuciones que no tenga conferidas o se valga de las que tenga, para realizar o inducir actos u omisiones arbitrarios.

95

- Que los actos u omisiones arbitrarios causen perjuicio a alguna persona o al servicio público.

Tipo 3

- Que el sujeto activo tenga calidad de servidor público,

- Que el servidor público ejerza violencia política contra las mujeres,

- Que la violencia la realice el sujeto activo por sí o a través de un tercero.

Elementos subjetivos del tipo.

Esta falta es dolosa.

De conformidad con lo dispuesto por el artículo 20 Ter, de la Ley General de Acceso de las Mujeres a una Vida Libre de Violencia, la violencia política contra las mujeres puede expresarse, entre otras, a través de las siguientes conductas:

I. Incumplir las disposiciones jurídicas nacionales e internacionales que reconocen el ejercicio pleno de los derechos políticos de las mujeres;

II. Restringir o anular el derecho al voto libre y secreto de las mujeres, u obstaculizar sus derechos de asociación y afiliación a todo tipo de organizaciones políticas y civiles, en razón de género;

III. Ocultar información u omitir la convocatoria para el registro de candidaturas o para cualquier otra actividad que implique la toma de decisiones en el desarrollo de sus funciones y actividades;

IV. Proporcionar a las mujeres que aspiran u ocupan un cargo de elección popular información falsa o incompleta, que impida su registro como candidata o induzca al incorrecto ejercicio de sus atribuciones;

V. Proporcionar información incompleta o datos falsos a las autoridades administrativas, electorales o jurisdiccionales, con la finalidad de menoscabar los derechos políticos de las mujeres y la garantía del debido proceso;

VI. Proporcionar a las mujeres que ocupan un cargo de elección popular, información falsa, incompleta o imprecisa, para impedir que induzca al incorrecto ejercicio de sus atribuciones;

VII. Obstaculizar la campaña de modo que se impida que la competencia electoral se desarrolle en condiciones de igualdad;

VIII. Realizar o distribuir propaganda política o electoral que calumnie, degrade o descalifique a una candidata basándose en estereotipos de género que reproduzcan relaciones de dominación, desigualdad o discriminación contra las mujeres, con el objetivo de menoscabar su imagen pública o limitar sus derechos políticos y electorales;

IX. Difamar, calumniar, injuriar o realizar cualquier expresión que denigre o descalifique a las mujeres en ejercicio de sus funciones políticas, con base en estereotipos de género, con el objetivo o el resultado de menoscabar su imagen pública o limitar o anular sus derechos;

X. Divulgar imágenes, mensajes o información privada de una mujer candidata o en funciones, por cualquier medio físico o virtual, con el propósito de desacreditarla, difamarla, denigrarla y poner en entredicho su capacidad o habilidades para la política, con base en estereotipos de género;

XI. Amenazar o intimidar a una o varias mujeres o a su familia o colaboradores con el objeto de inducir su renuncia a la candidatura o al cargo para el que fue electa o designada;

XII. Impedir, por cualquier medio, que las mujeres electas o designadas a cualquier puesto o encargo público tomen protesta de su encargo, asistan a las sesiones ordinarias o extraordinarias o a cualquier otra actividad que implique la toma de decisiones y el ejercicio del cargo, impidiendo o suprimiendo su derecho a voz y voto;

XIII. Restringir los derechos políticos de las mujeres con base a la aplicación de tradiciones, costumbres o sistemas normativos internos o propios, que sean violatorios de los derechos humanos;

XIV. Imponer, con base en estereotipos de género, la realización de actividades distintas a las atribuciones propias de la representación política, cargo o función;

XV. Discriminar a la mujer en el ejercicio de sus derechos políticos por encontrarse en estado de embarazo, parto, puerperio, o impedir o restringir su reincorporación al cargo tras hacer uso de la licencia de maternidad o de cualquier otra licencia contemplada en la normatividad;

XVI. Ejercer violencia física, sexual, simbólica, psicológica, económica o patrimonial contra una mujer en ejercicio de sus derechos políticos;

XVII. Limitar o negar arbitrariamente el uso de cualquier recurso o atribución inherente al cargo que ocupe la mujer, incluido el pago de salarios, dietas u otras prestaciones asociadas al ejercicio del cargo, en condiciones de igualdad;

XVIII. Obligar a una mujer, mediante fuerza, presión o intimidación, a suscribir documentos o avalar decisiones contrarias a su voluntad o a la ley;

XIX. Obstaculizar o impedir el acceso a la justicia de las mujeres para proteger sus derechos políticos;

XX. Limitar o negar arbitrariamente el uso de cualquier recurso o atribución inherente al cargo político que ocupa la mujer, impidiendo el ejercicio del cargo en condiciones de igualdad;

XXI. Imponer sanciones injustificadas o abusivas, impidiendo o restringiendo el ejercicio de sus derechos políticos en condiciones de igualdad, o

XXII. Cualesquiera otras formas análogas que lesionen o sean susceptibles de dañar la dignidad, integridad o libertad de las mujeres en el ejercicio de un cargo político, público, de poder o de decisión, que afecte sus derechos políticos electorales.

Actuación bajo conflicto de interés

Descripción típica.

Incurre en actuación bajo Conflicto de Interés el servidor público que intervenga por motivo de su empleo, cargo o comisión en cualquier forma, en la atención, tramitación o resolución de asuntos en los que tenga Conflicto de Interés o impedimento legal (LGRA, 2016, art. 58).

Elementos objetivos del tipo.

- Que el sujeto activo tenga calidad de servidor público,

- Que, por motivo de su empleo, cargo o comisión, intervenga en cualquier forma, en la atención, tramitación o resolución de un asunto,

- Que el asunto en el que intervino tenga Conflicto de Interés o impedimento legal.

Elementos subjetivos del tipo.

Esta falta es dolosa.

El artículo 3º fracción VI de la Ley General de Responsabilidades Administrativas establece que el conflicto de interés es la posible afectación del desempeño imparcial y objetivo de las funciones de los Servidores Públicos en razón de intereses personales, familiares o de negocios.

Contratación indebida

Descripción típica.

Será responsable de contratación indebida el servidor público que autorice cualquier tipo de contratación, así como la selección, nombramiento o designación, de quien se encuentre impedido por disposición legal o inhabilitado por resolución de autoridad competente para ocupar un empleo, cargo o comisión en el servicio público o inhabilitado para realizar contrataciones con los entes públicos, siempre que en el caso de las inhabilitaciones, al momento de la autorización, éstas se encuentren inscritas en el sistema nacional de servidores públicos y particulares sancionados de la Plataforma Digital Nacional.

Incurrirá en la responsabilidad dispuesta en el párrafo anterior, el servidor público que intervenga o promueva, por sí o por interpósita persona, en la selección, nombramiento o designación de personas para el servicio público en función de intereses de negocios (LGRA, 2019, art. 59).

Elementos objetivos del tipo.

Tipo 1

- Que el sujeto activo tenga calidad de servidor público,

- Que se seleccione, contrate, expida nombramiento o designación, a quien se encuentre impedido por disposición legal o inhabilitado por resolución de autoridad competente para ocupar un empleo, cargo o comisión en el servicio público o este inhabilitado para realizar contrataciones con los entes públicos,

  En el caso de las inhabilitaciones, al momento de la autorización, éstas deberán encontrarse inscritas en el sistema nacional de servidores públicos y particulares sancionados de la Plataforma Digital Nacional, y

101

- Que el sujeto activo sea un servidor público con capacidad de contratar, seleccionar, nombrar o designar la ocupación de empleo, cargo o comisión en el servicio público.

Tipo 2

- Que el sujeto activo tenga calidad de servidor público,

- Que se seleccione, nombre o designe persona para el servicio público en función de intereses de negocios,

- Que el sujeto activo intervenga o promueva, por si o por interpósita persona en la selección, nombramiento o designación.

Elementos subjetivos del tipo.

Esta falta es dolosa o culposa.

Enriquecimiento oculto u ocultamiento de conflicto de interés

Descripción típica.

Incurrirá en enriquecimiento oculto u ocultamiento de Conflicto de Interés el servidor público que falte a la veracidad en la presentación de las declaraciones de situación patrimonial o de intereses, que tenga como fin ocultar, respectivamente, el incremento en su patrimonio o el uso y disfrute de bienes o servicios que no sea explicable o justificable, o un Conflicto de Interés (LGRA, 2016, art. 60).

Elementos objetivos del tipo.

Tipo 1

- Que el sujeto activo tenga calidad de servidor público,

- Que el sujeto activo falte a la veracidad en la presentación de las declaraciones de situación patrimonial o de intereses, y

- Que la falta de veracidad tenga como fin ocultar el incremento en el patrimonio del sujeto activo.

Tipo 2

- Que el sujeto activo tenga calidad de servidor público,

- Que el sujeto activo falte a la veracidad en la presentación de las declaraciones de situación patrimonial o de intereses, y

- Que la falta de veracidad tenga como fin ocultar el uso y disfrute de bienes o servicios que no sea explicable o justificable.

Tipo 3

- Que el sujeto activo tenga calidad de servidor público,

- Que el sujeto activo falte a la veracidad en la presentación de las declaraciones de situación patrimonial o de intereses, y

- Que la falta de veracidad tenga como fin ocultar un Conflicto de Interés.

Elementos subjetivos del tipo.

Esta falta es dolosa.

Simulación de acto jurídico

Descripción típica.

Comete simulación de acto jurídico el servidor público que utilice personalidad jurídica distinta a la suya para obtener, en beneficio propio o de algún familiar hasta el cuarto grado por consanguinidad o afinidad, recursos públicos en forma contraria a la ley (LGRA, 2019, art. 60 Bis).

Elementos objetivos del tipo.

- Que el sujeto activo tenga calidad de servidor público,

- Que utilice personalidad jurídica distinta a la suya,

- Que la simulación este encaminada a obtener, en beneficio propio o de algún familiar hasta el cuarto grado por consanguinidad o afinidad, recursos públicos en forma contraria a la ley.

Elementos subjetivos del tipo.

- Esta falta es dolosa.

En la reforma del 2019, se estableció que esta falta administrativa se sancionará con inhabilitación de cinco a diez años.

Tráfico de influencias

Descripción típica.

Cometerá tráfico de influencias el servidor público que utilice la posición que su empleo, cargo o comisión le confiere para inducir a que otro servidor público efectúe, retrase u omita realizar algún acto de su competencia, para generar cualquier beneficio, provecho o ventaja para sí o para alguna de las personas a que se refiere el artículo 52 de esta Ley (LGRA, 2016, art. 61).

Elementos objetivos del tipo.

- Que el sujeto activo tenga calidad de servidor público,

- Que utilice la posición que su empleo, cargo o comisión le confiere,

- Que induzca a otro servidor público a efectuar, retrasar u omitir la realización de algún acto de su competencia,

- Que la conducta desplegada este encaminada a la obtención de beneficio, provecho o ventaja, y

- Que el beneficio, provecho o ventaja sea para el sujeto activo o para su cónyuge, parientes consanguíneos, parientes civiles o para terceros con los que tenga relaciones profesionales, laborales o de negocios, o para socios o sociedades de las que el servidor público o las personas antes referidas formen parte.

Elementos subjetivos del tipo.

Esta falta es dolosa.

Encubrimiento

Descripción típica.

Será responsable de encubrimiento el servidor público que cuando en el ejercicio de sus funciones llegare a advertir actos u omisiones que pudieren constituir Faltas administrativas, realice deliberadamente alguna conducta para su ocultamiento (LGRA, 2016, art. 62).

Elementos objetivos del tipo.

- Que el sujeto activo tenga calidad de servidor público,

- Que, en ejercicio de sus funciones, advierta actos u omisiones que pudieran constituir Faltas administrativas, y

- Que realice deliberadamente alguna conducta para su ocultamiento.

Elementos subjetivos del tipo.

Esta falta es dolosa.

Desacato

Descripción típica.

Cometerá desacato el servidor público que, tratándose de requerimientos o resoluciones de autoridades fiscalizadoras, de control interno, judiciales, electorales o en materia de defensa de los derechos humanos o cualquier otra competente, proporcione información falsa, así como no dé respuesta alguna, retrase deliberadamente y sin justificación la entrega de la información, a pesar de que le hayan sido impuestas medidas de apremio conforme a las disposiciones aplicables (LGRA, 2016, art. 63).

Elementos objetivos del tipo.

- Que el sujeto activo tenga calidad de servidor público,

- Que reciba requerimientos o resoluciones de autoridades fiscalizadoras, de control interno, judiciales, electorales o en materia de defensa de los derechos humanos o cualquier otra competente,

- Que el sujeto activo proporcione información falsa, no de respuesta alguna o retrase deliberadamente y sin justificación la entrega de la información requerida, y

- Que se le haya impuesto medidas de apremio conforme a las disposiciones aplicables.

Elementos subjetivos del tipo.

Esta falta es dolosa.

Nepotismo

Descripción típica.

Cometerá nepotismo el servidor público que, valiéndose de las atribuciones o facultades de su empleo, cargo o comisión, directa o indirectamente, designe, nombre o intervenga para que se contrate como personal de confianza, de estructura, de base o por honorarios en el ente público en que ejerza sus funciones, a personas con las que tenga lazos de parentesco por consanguinidad hasta el cuarto grado, de afinidad hasta el segundo grado, o vínculo de matrimonio o concubinato (LGRA, 2019, art. 63 Bis).

Elementos objetivos del tipo.

- Que el sujeto activo tenga calidad de servidor público,

- Que se valga de las atribuciones o facultades de su empleo, cargo o comisión (directa o indirectamente) para que se contrate a una persona (como personal de confianza, de estructura, de base o por honorarios) en el ente público en que ejerza sus funciones, y

- Que dicha persona tenga lazos de parentesco por consanguinidad hasta el cuarto grado, de afinidad hasta el segundo grado, o vínculo de matrimonio o concubinato.

Elementos subjetivos del tipo.

Esta falta es dolosa.

Obstrucción de la justicia

Descripción típica.

Los Servidores Públicos responsables de la investigación, substanciación y resolución de las Faltas administrativas incurrirán en obstrucción de la justicia cuando:

I. Realicen cualquier acto que simule conductas no graves durante la investigación de actos u omisiones calificados como graves en la presente Ley y demás disposiciones aplicables;

II. No inicien el procedimiento correspondiente ante la autoridad competente, dentro del plazo de treinta días naturales, a partir de que tengan conocimiento de cualquier conducta que pudiera constituir una Falta administrativa grave, Faltas de particulares o un acto de corrupción, y

III. Revelen la identidad de un denunciante anónimo protegido bajo los preceptos establecidos en esta Ley.

Tipo 1.

- Que el sujeto activo tenga calidad de servidor público responsable de la investigación de faltas administrativas,

- Que realice cualquier acto que simule conductas no graves durante la investigación, y

- Que los actos u omisiones investigados se encuentren calificados como graves en la Ley General de Responsabilidades Administrativas y demás disposiciones aplicables.

Tipo 2.

- Que el sujeto activo tenga calidad de servidor público responsable de la investigación, substanciación o resolución,

- Que tenga conocimiento de cualquier conducta que pudiera constituir una Falta administrativa grave, Faltas de particulares o un acto de corrupción,

- Que no inicie el procedimiento correspondiente ante la autoridad competente, dentro del plazo de treinta días naturales, a partir de que tengan conocimiento de la conducta infractora.

Tipo 3.

- Que el sujeto activo tenga calidad de servidor público responsable de la investigación, substanciación o resolución,

- Que revele la identidad de un denunciante anónimo protegido bajo los preceptos establecidos en la Ley General de Responsabilidades Administrativas

Elementos subjetivos del tipo.

Esta falta es dolosa

TERCERA PARTE

ACTOS DE INVESTIGACIÓN

CAPÍTULO I

PLANEACIÓN DE LA INVESTIGACIÓN

La planeación de la investigación es fundamental para salvaguardar los principios de objetividad y congruencia. La investigación no se improvisa. Requiere de control, orden y conocimientos previos en la materia, no obstante, es una realidad que cada vez nos distraemos con mayor facilidad durante la jornada de trabajo.

En esta era digital, las redes sociales, juegos, aplicaciones de mensajería instantánea y otras contenidas en los dispositivos móviles, nos han hecho dependientes de la pantalla y adictos a la dopamina (neurotransmisor encargado de regular el placer y la recompensa). Por si fuera poco, los distractores internos como la ansiedad y los pensamientos repetitivos, obstaculizan la atención y hacen divagar nuestra mente. El desorden y el estrés también influyen de manera negativa en la productividad laboral.

Colocar reloj checador de última tecnología para que los servidores públicos lleguen puntual a su jornada de trabajo, no es garantía de productividad y eficiencia laboral.

Se requiere con urgencia efectuar modificaciones institucionales para elevar la productividad del servidor público, pero también, un cambio en su mentalidad y actitud.

Es una realidad. Los servidores públicos no están dando los resultados que la sociedad espera. Es más fácil que un cobrador de tienda departamental, la persona que entrega el recibo de teléfono o el cartero, localicen con mayor rapidez un domicilio que los agentes de investigación del gobierno, en quienes se invierten millones de pesos anuales en capacitación para cumplir ese objetivo. Muchos opinan que, si el servidor público cobrara por los resultados que obtiene y no por cumplir un horario de trabajo, el servicio público sería diferente.

El Presupuesto basado en Resultados (PbR) es el primer acercamiento formal para mejorar la gestión pública, pero sólo aplica al gasto, aunque en realidad, el mayor egreso del gasto corriente corresponde a los servicios personales en donde las remuneraciones de los servidores públicos encabezan la lista.

La impartición de justicia y el combate a la corrupción son las áreas donde la sociedad percibe con mayor énfasis la deficiencia en el servicio público: expedientes sin avances, apilados por todas partes en la oficina, diligencias que no se realizan en tiempo, plazos vencidos, servidores públicos que nunca se encuentran en su área de adscripción y la lista continúa de forma interminable junto a la mala calidad en la atención.

En un estudio de productividad laboral realizado en un Órgano Interno de Control, con un horario de trabajo de 08:00 a 17:00 horas, se obtuvo que el día más productivo de la semana fue el miércoles y el día con menos actividad fue el viernes. Las horas laborales más intensas fueron: 10:00 horas con el 15%; 14:00 horas con el 13% y 09:00, 13:00 y 15:00 horas con el 10% cada una. Las horas de entrada y salida fueron las menos productivas. Un servidor público pudo elaborar entre 1 y 14 documentos por día, sin embargo, el promedio diario fue de tan sólo 3.

Para mejorar los paradigmas actuales y lograr que el Sistema Nacional Anticorrupción sea una realidad, aunque el legislador, por la razón que sea, no definió que debemos entender por corrupción en las leyes creadas para combatirla, es necesario que las autoridades investigadoras, de manera personal, cada una en su orden de gobierno y marco de competencia, implemente un protocolo o plan de investigación de faltas administrativas y se ciña a el.

A la par de la planeación de cada investigación, es necesario tener control y orden en el espacio de trabajo y en la oficina. En ese contexto, la autoridad investigadora deberá realizar lo siguiente:

1. Mantener su espacio de trabajo lo más ordenado, vacío y libre de distractores.

2. Mantener actualizado el libro de gobierno o registro de expedientes de investigación.

3. Ordenar el archivo de trámite, de tal manera que sean localizables los expedientes físicos que se encuentran registrados en el libro de gobierno;

4. Revisar los expedientes y establecer una lista de actos de investigación que requiere cada uno;

5. Establecer la cantidad de expedientes para resolver por mes;

6. Crear un programa de trabajo mensual que permita realizar actos de investigación en diversos expedientes. Algunos autores de gestión del tiempo sugieren realizar por lo menos 3 tareas diarias;

7. Elaborar respaldos de los archivos digitales contenidos en los equipos de cómputo, de manera periódica,

8. Digitalizar y enviar al archivo de concentración los expedientes concluidos.

9. Implementar sistemas de bases de datos que concentren y organicen la información. Se recomienda que las bases de datos contengan el mayor número de campos posibles, como:

   - Número de expediente,

   - Estado (concluido, vigente),

   - Tipo de inicio (denuncia, de oficio y derivado de auditoría),

   - Fecha,

- Hora,

- Denunciante (o autoridad que da vista),

- Nombre del investigado,

- Sexo,

- Fecha de comisión de la falta,

- Tipo de falta,

- Gravedad (grave, no grave)

- Nombre de la falta,

- Fecha/determinación,

- Fecha del IPRA,

Este control, permite generar de manera ágil, los reportes que solicitan algunos entes públicos.

La planeación de la investigación, de cada Expediente de Presunta Responsabilidad Administrativa, deberá contemplar, por lo menos, los siguientes rubros:

1. Acreditar la existencia de los hechos denunciados;

2. Determinar si los hechos constituyen una falta administrativa;

3. Identificar al servidor público presunto responsable;

4. Identificar los elementos que determinan la gravedad de la falta;

5. Verificar que no se actualice alguna causal de sobreseimiento;

6. Verificar que las facultades para imponer sanciones no hayan prescrito, y

7. Definir las pruebas que se ofrecerán en el procedimiento para acreditar la existencia de la falta administrativa y la responsabilidad de aquellos a quienes se imputen la misma.

CAPÍTULO II

FUENTES DE INFORMACIÓN

La denuncia, es la primera fuente de información que dispone la autoridad investigadora. Su contenido debe ser capaz de responder el mayor número de preguntas: ¿Qué? ¿Quién? ¿Cuándo? ¿Cómo? ¿Dónde?

Por su parte, la principal fuente de información relacionada con el servidor público lo constituye su expediente personal, que se encuentra bajo resguardo del área de recursos humanos de la dependencia. Ahí podemos encontrar documentos que proporcionan datos personales esenciales, como son: nombre, edad, sexo, estado civil y tipo sanguíneo. De igual forma podemos localizar datos personales derivados como son: domicilio, CURP, RFC, correo electrónico, número telefónico, número de cuenta bancaria, número de seguridad social, numero de licencia de manejo, número de pasaporte, número de matrícula militar, título y cédula profesional, nombre de su pareja, hijos, padres, antecedentes de sanciones y otros.

El expediente personal contiene o debería contener el nombramiento del servidor público. Este documento provee información laboral del investigado: Categoría, jornada de trabajo, horario, sueldo, condición laboral, fecha de alta y baja.

La declaración patrimonial también constituye una fuente de información del servidor público, donde además de datos personales y laborales, se localiza información curricular, dependientes económicos, ingresos, bienes muebles e inmuebles que posee, inversiones y cuentas bancarias, valores, activos, deudas y pasivos.

Si en estos documentos no se localiza la información requerida, la autoridad investigadora deberá tener presente que toda información generada, obtenida, adquirida, transformada o en posesión de cualquier entidad, autoridad, órgano u organismo de los poderes ejecutivos, legislativo, judicial, órganos autónomos, partidos políticos, fideicomisos, entre otros, es accesible para ella, aun cuando contenga información reservada.

En la investigación de faltas graves no son oponibles las disposiciones dirigidas a proteger la secrecía de la información en materia fiscal, bursátil, fiduciario o la relacionada con operaciones de depósito, administración, ahorro e inversión de recursos monetarios, con la condición de conservarlos en el expediente con su misma calidad e impedir su divulgación.

Una labor de la autoridad investigadora, que no se refleja en el expediente, pero que es sumamente relevante, consiste en el trabajo previo que debe realizar antes de requerir información. Deberá tomarse el tiempo para revisar la estructura orgánica de la entidad a la que pertenece el sujeto a quien requerirá información, documento o reporte, para evitar un resultado negativo que retrase la investigación. En la práctica, para requerir información a una dependencia con una estructura orgánica compleja, es necesario que previamente se establezca contacto por teléfono y se pidan detalles al respecto.

La Plataforma Nacional de Transparencia y las plataformas locales, son de gran apoyo en la investigación. Contienen información pública que permite conocer en términos generales a cada sujeto obligado. En ellas podemos encontrar su estructura orgánica y manuales de organización y procedimientos, Directorios, números telefónicos, correos electrónicos, servicios, trámites, catálogo de archivos entre otros.

En materia de investigación una información conduce a otra.

CAPÍTULO III

FORMAS DE INICIAR LA INVESTIGACIÓN

La autoridad investigadora es la encargada de iniciar la investigación de faltas administrativas, en el ámbito de su respectiva competencia.

Las faltas administrativas graves serán investigadas y substanciadas por la Auditoría Superior de la Federación y los órganos internos de control, o por sus homólogos en las entidades federativas, según corresponda, y serán resueltas por el Tribunal de Justicia Administrativa que resulte competente. Las faltas no graves, serán conocidas y resueltas por los órganos internos de control (CPEUM, 2016, art.109, f III).

El legislador, de manera indebida, en el artículo 11 de la Ley General de Responsabilidades Administrativas, suprimió, a los órganos internos de control, la facultad constitucional de investigar faltas graves. Aunque ello no representa un obstáculo para realizar dichas investigaciones, si genera incertidumbre.

La autoridad investigadora del órgano interno de control, tiene facultad para investigar faltas administrativas graves y no graves, sin embargo, tratándose de resultados de auditoría, la autoridad investigadora de la Auditoría Superior de la Federación y sus homologas en los estados, tienen facultades para investigar faltas graves.

Consideramos indebido iniciar una investigación catalogando la falta como grave o no grave, o asignarle el nombre de una falta administrativa.

Si bien, la denuncia o la vista deben contener datos o indicios que permitan advertir la presunta responsabilidad administrativa, ello no implica clasificarla o catalogarla en el acuerdo de inicio.

La determinación de la gravedad de la falta sólo puede llevarse a cabo después de concluidas las diligencias de investigación y de que se haya determinado la existencia de actos u omisiones que la ley señale como falta administrativa.

La autoridad investigadora se encuentra obligada a llevar acabo su indagatoria, con base en los principios de imparcialidad, objetividad, verdad material y respeto a los derechos humanos, de ahí que no puede investigar hechos con la idea preconcebida de que el servidor público investigado es presunto responsable de la comisión de una falta administrativa.

La autoridad investigadora, con la recepción de la denuncia o la vista, se formula una hipótesis de la posible falta administrativa. Sin embargo, los actos de investigación son los que corroboran esa hipótesis, la cambian, la amplían, incluso la invalidan y crean nuevas.

La autoridad investigadora puede iniciar la investigación de faltas administrativas de las siguientes formas (LGRA, 2016, art. 91):

1. De oficio,

2. Por denuncia, y

3. Derivado de auditorías practicadas por parte de las autoridades competentes, o en su caso, de auditores externos.

Inicio de oficio

Del análisis de lo dispuesto en los artículos 91 y 94 de la Ley General de Responsabilidades Administrativas se advierte que una investigación inicia de oficio cuando las conductas de servidores públicos y particulares puedan constituir responsabilidades administrativas en el ámbito de su competencia.

Acorde con lo anterior, una redacción puntual, aunque claro, no obligatoria, pero si aceptada en la práctica porque resulta inteligible, es la adaptación del artículo 32 del Acuerdo General 9/2005 de veintiocho de marzo de dos mil cinco, de la Suprema Corte de Justicia de la Nación, que establece, básicamente, que una investigación se iniciará de oficio cuando se estime que se cuenta con los elementos que acrediten la comisión de una conducta infractora.

Inicio por denuncia

La denuncia es la noticia que tiene la autoridad investigadora de actos u omisiones que pudieran constituir o vincularse con faltas administrativas.

No existe disposición de ninguna naturaleza que obligue a denunciar en forma inmediata, sino que, en todo caso, puede realizarse mientras no prescriba la facultad para imponer sanciones.

El servidor público que no denuncie los actos u omisiones que puedan constituir faltas administrativas, que en ejercicio de sus funciones llegare a advertir, incurre en una falta no grave (LGRA, 2016, art. 49, f. II).

La denuncia puede ser formal o anónima. La formal tiene valor de indicio. Puede ampliarse para precisar cuestiones que no se mencionaron en la primera declaración. Por sí sola no es bastante para fundar una sentencia condenatoria, pues es preciso que dichas imputaciones queden acreditadas mediante algún otro dato o elemento convictivo apto para tal fin.

Las denuncias formales son:

1. Verbal, por comparecencia ante la autoridad,

2. Por escrito,

3. Por escrito con reserva de identidad, y

4. Electrónica, en la plataforma digital nacional.

La denuncia anónima carece de valor probatorio, no obstante, como este tipo de denuncia tiene como función poner en conocimiento actos u omisiones que pueden constituir o vincularse con faltas administrativas, justifica la actuación de la autoridad investigadora para iniciar el Expediente de Presunta Responsabilidad Administrativa correspondiente, toda vez que está obligado a proceder de oficio en la investigación de faltas administrativas que tenga noticia.

Las autoridades investigadoras deberán establecer áreas de fácil acceso, para que cualquier interesado pueda presentar denuncias, aun anónimas.

No existe formalismo ni restricción para la formulación de las denuncias en la Ley General de Responsabilidades Administrativas, por ello en apego al principio de legalidad que se materializa bajo el lema de que, mientras los particulares pueden hacer todo aquello que no está prohibido, las autoridades sólo pueden hacer lo que la ley les permite, la denuncia, como requisito de procedibilidad no presenta alguna restricción y puede formularse sin tecnicismo alguno.

No obstante, el investigador debe tener la habilidad para obtener del denunciante la mayor información posible, que permitan acreditar las circunstancias de tiempo, modo y lugar, así como aquellas que hagan factible la identificación del presunto responsable.

En la práctica es común que al momento de recibir la denuncia se le formulen preguntas al denunciante para aclarar o completar la información. Algunos investigadores no dejan constancia de las preguntas formuladas. Redactan el texto como si el denunciante hubiera narrado los hechos tal cual. Otros, en cambio, después de recibir la denuncia abren un apartado de preguntas.

El denunciante es la persona física, moral (privada u oficial) y los servidores públicos que acuden ante las autoridades investigadoras a formular denuncia. Pueden ser entrevistados las veces que sea necesario si con ello se logra esclarecer los hechos que se investigan, pues además no existe disposición legal que prohíba al denunciante rendir declaraciones posteriores a la denuncia.

Las personas morales oficiales deben formular denuncias por conducto de sus representantes o apoderados legales. La autoridad investigadora debe cerciorarse de que el servidor público que la fórmula es representante de dicha dependencia o entidad y que tiene facultades para presentarla en su nombre, pues de lo contrario la denuncia se tendrá hecha a nombre y bajo responsabilidad de la persona física o servidor público que la formule, según el caso.

El estado en unos casos puede obrar como autoridad y en otros como persona de derecho privado. Las personas morales oficiales al formular una denuncia actúan como persona de derecho privado. No gozan de privilegio alguno. Actúan en un plano de igualdad y bilateralidad con el resto de las partes. Guarda una relación de coordinación con ellas. Se sujeta a las reglas procesales que rigen la investigación. Es importante precisar a las autoridades denunciantes, desde el inicio de la investigación, que participarán en ella como personas de derecho privado a fin de no contravenir el principio de imparcialidad en la administración de justicia que garantiza el artículo 17 Constitucional.

En la práctica, es común que cuando las autoridades formulan denuncia hacen uso de los atributos propios de su soberanía y su fuerza. Piden, conminan, requieren.

Por citar dos ejemplos, en el año 2021, en calidad de Autoridad Investigadora, recibí del Instituto de Transparencia estatal, copia certificada de un expediente. En su escrito no precisaba si formulaba vista o denuncia, pero imponía la obligación de remitir, dentro de un plazo de cinco días hábiles, copia certificada del inicio de la investigación y fui apercibido que, en caso de omisión o incumplimiento, me haría acreedor a una medida de apremio consistente en amonestación pública. Por su parte el ente fiscalizador del Estado, dio vista mediante oficio de promoción de responsabilidad administrativa, e impuso la obligación de informar el número de expediente de inicio de investigación, numero de procedimiento, así como la resolución definitiva.

Quien denuncie, debe tener presente que será considerado como parte en el procedimiento de responsabilidad administrativa, en donde se estiman como días hábiles todos los días del año, con las excepciones que establece el artículo 119 de la Ley General de Responsabilidades Administrativas, lo cual en ocasiones resulta complicado para los denunciantes oficiales, quienes gozan de días de descanso y vacaciones.

¿La denuncia es una petición que salvaguarda el artículo 8° de la Constitución Política de los Estados Unidos Mexicanos?

Si se toma en cuenta la finalidad de la denuncia la respuesta sería no. Sin embargo, los efectos mediáticos de la denuncia escrita y la petición son coincidentes, pues en ambos casos la autoridad se encuentra obligada a hacer del conocimiento del interesado, en breve término, el pronunciamiento que recaiga a la petición, sin que exista la obligación de resolver en determinado sentido, como lo establecen por sus consideraciones las siguientes tesis:

> El denominado "derecho de petición", acorde con los criterios de los tribunales del Poder Judicial de la Federación, es la garantía individual consagrada en el

artículo 8o. de la Constitución Política de los Estados Unidos Mexicanos, en función de la cual cualquier gobernado que presente una petición ante una autoridad, tiene derecho a recibir una respuesta. Así, su ejercicio por el particular y la correlativa obligación de la autoridad de producir una respuesta, se caracterizan por los elementos siguientes: A. La petición: debe formularse de manera pacífica y respetuosa, dirigirse a una autoridad y recabarse la constancia de que fue entregada; además de que el peticionario ha de proporcionar el domicilio para recibir la respuesta. B. La respuesta: la autoridad debe emitir un acuerdo en breve término, entendiéndose por éste el que racionalmente se requiera para estudiar la petición y acordarla, que tendrá que ser congruente con la petición y la autoridad debe notificar el acuerdo recaído a la petición en forma personal al gobernado en el domicilio que señaló para tales efectos, sin que exista obligación de resolver en determinado sentido, esto es, el ejercicio del derecho de petición no constriñe a la autoridad ante quien se formuló, a que provea de conformidad lo solicitado por el promovente, sino que está en libertad de resolver de conformidad con los ordenamientos que resulten aplicables al caso, y la respuesta o trámite que se dé a la petición debe ser comunicada precisamente por la autoridad ante quien se ejercitó el derecho, y no por otra diversa (Tesis XXI.1o.P.A. J/27).

La Ley de Responsabilidades de los Servidores Públicos del Estado de Puebla y el Bando de Policía y Buen Gobierno del Municipio de Cuernavaca, Morelos, establecen a favor de los particulares el derecho subjetivo de presentar quejas o denuncias por incumplimiento de las obligaciones de los servidores públicos, el cual no puede agotarse con la recepción de aquéllas, sino que se debe conceder a los interesados la posibilidad de exigir de la autoridad la emisión de un pronunciamiento que recaiga al escrito o comparecencia relativo, es decir, la circunstancia de que debe recaer un pronunciamiento de la autoridad competente, que lo haga del conocimiento del particular, en términos del artículo 16 de la Constitución Política de los Estados Unidos Mexicanos, constituye una obligación correlativa al derecho de presentar la queja o denuncia, lo que significa que el interesado tiene interés jurídico para impugnar la omisión de la autoridad de emitir un pronunciamiento, ya que el citado derecho subjetivo trae aparejado el correlativo a que ésta emita un proveído apegado a las formalidades del procedimiento que deben observarse para ese tipo de asuntos y lo haga del conocimiento de quien las formuló; sin que ello implique que la autoridad deba resolver en determinado sentido (Tesis 2a./J. 25/2015 [10a.]).

Más allá del debate, para efectos prácticos y la salvaguarda de los derechos del denunciante, es importante que, en los casos de denuncia escrita que proceda, esta contenga, cuando menos los siguientes elementos:

1. Nombre del denunciante;

2. Domicilio para recibir notificaciones;

3. Narración circunstanciada de hechos, que contengan datos o indicios que permitan advertir la presunta responsabilidad administrativa, y

4. Lugar y fecha.

Inicio derivado de auditorías

Los entes públicos pueden ser auditados por:

*   Sus órganos internos de control,

- Las entidades de fiscalización superior de las entidades, en su caso,

- La Auditoría Superior de la Federación, en su caso,

- La Secretaría de la Función Pública del poder ejecutivo federal y sus homólogos en las entidades federativas, en su caso,

- La Autoridad investigadora, y

- Los auditores externos.

Las principales auditorías derivan de la fiscalización de la Cuenta Pública. La Auditoría Superior de la Federación y las entidades de fiscalización superior de las entidades federativas cuando tengan conocimiento de la presunta comisión de Faltas administrativas no graves darán vista a las Secretarías o a los Órganos internos de control que correspondan, a efecto de que procedan a realizar la investigación (LGRA, 2016, arts. 36, 91 y 99; LFRCF, 2016, art. 14 f. III y LFSET, 2017, art. 14 f. III).

La "vista" a través del cual se hace del conocimiento a la autoridad investigadora las irregularidades detectadas durante la auditoría tiene por objeto dar a conocer a la autoridad un hecho del que se tuvo conocimiento, sin que exista la intención de participar o intervenir en la investigación.

"Dar vista" consiste en dar a conocer a la autoridad competente un hecho del que se tuvo conocimiento, para que, si ella lo estima conveniente, proceda a realizar las investigaciones necesarias. (Tesis P. XXXII/2000).

Dar "vista" no implica la formulación de denuncia. Quien la formula no tiene calidad de parte en el procedimiento. La autoridad investigadora no está obligada a informarle, en su caso, del acuerdo de conclusión y archivo del expediente, ni de la calificación de los hechos como faltas administrativas no graves.

131

Las autoridades que hacen del conocimiento faltas administrativas derivadas de auditoría deben tener especial cuidado en la redacción del requisito de procedibilidad, pues denuncia y vista tienen efectos procesales distintos.

CAPÍTULO IV

FORMAS DE TERMINAR LA INVESTIGACIÓN

Abstención de investigar

El artículo 93 de la Ley General de Responsabilidades Administrativas, establece que la denuncia debe contener datos o indicios que permitan advertir la presunta responsabilidad administrativa, por lo que, si no se cumple con estos requisitos la autoridad puede abstenerse de investigar.

Así también, se podrá abstener de investigar, cuando de los hechos dados a conocer no se advierta la comisión de una falta administrativa o cuando la pretensión punitiva se encuentre prescrita.

El auto que niegue el inicio de la investigación podrá ser combatido por el denunciante mediante juicio de amparo indirecto. (Tesis PC.I.A. J/177 A [10a.])

Conclusión y archivo

La autoridad investigadora podrá concluir y archivar el expediente de presunta responsabilidad administrativa si no encuentra elementos suficientes para demostrar la existencia de la infracción y la presunta responsabilidad.

La investigación podrá abrirse nuevamente si se presentan nuevos indicios o pruebas y no hubiere prescrito la facultad para sancionar.

El denunciante puede impugnar el acuerdo de conclusión y archivo del expediente mediante el recurso de inconformidad (Tesis: 2a./J. 12/2023 [11a.]).

CAPÍTULO V

CIERRE DE INVESTIGACIÓN

El cierre, o la conclusión de las diligencias de investigación, no debe confundirse con la conclusión y archivo del expediente.

El cierre de la investigación, se realiza una vez que la autoridad investigadora, estima que el expediente de presunta responsabilidad administrativa se encuentra debidamente integrado. Esto ocurre, cuando se ha satisfecho todos los puntos de su planeación:

a. Acreditó la existencia de los hechos denunciados;

b. Determinó si los hechos constituyen una falta administrativa;

c. Identificó al servidor público presunto responsable;

d. Identificó los elementos que determinan la gravedad de la falta;

e. Verificó que no se actualice alguna causal de sobreseimiento;

f. Verificó que las facultades para imponer sanciones no hayan prescrito, y

g. Determinó las pruebas que se ofrecerán en el procedimiento para acreditar la existencia de la falta administrativa y la responsabilidad de aquellos a quienes se imputen la misma.

Con toda esta información en el expediente de presunta responsabilidad administrativa, la autoridad investigadora, está en condiciones de construir una historia lógica, cronológica y suficientemente detallada en cuanto a circunstancias de modo, tiempo, lugar y ocasión, que puede encuadrar en una conducta típica y probar en el procedimiento de responsabilidad administrativa.

En la práctica, realizar el cierre de investigación y posteriormente determinar y calificar la falta, no es lo indicado. Aunque es el orden legal establecido, durante el proceso de determinación y calificación de faltas, la autoridad investigadora puede advertir que existen diligencias pendientes de realizar, las cuales no podrá hacerlo si ya acordó el cierre de investigación y lo notificó al presunto responsable.

Así pues, lo recomendable será trabajar en primer lugar la determinación y calificación de falta para corroborar que el expediente se encuentre debidamente integrado y cuente con los elementos fácticos, jurídicos y probatorios necesarios para soportar la imputación. Posteriormente se procederá a incorporar formalmente en el expediente el acuerdo de cierre de investigación y en seguida la determinación y calificación de falta.

CAPÍTULO VI

FORMULARIOS

Consideraciones previas

Contar con un catálogo de formatos permite sistematizar y simplificar las actividades de los entes públicos y facilita cualquier transición, pero si no entendemos el proceso de su elaboración, sino somos capaces de analizarlos, corregirlos o mejorarlos, correremos el riesgo de integrar de manera deficiente una investigación en perjuicio del interés social.

Un formato aceptable de autoridad investigadora es aquel que respeta las formalidades y satisface los requisitos mínimos del acto de molestia.

La forma escrita como una de las principales características del acto de autoridad está evolucionando. Lo escrito actualmente no sólo corresponde a lo impreso en papel sino también a lo plasmado en formato electrónico. En este sentido, el 15 de septiembre de 2017 se publicó en el Diario Oficial de la Federación, la reforma del primer párrafo del artículo 16 de la Constitución Política de los Estados Unidos Mexicanos y se reconoció, aunque sólo para los juicios y procedimientos seguidos en forma de juicio en los que se establezca como regla la oralidad, que la constancia del acto quede "en cualquier medio que dé certeza de su contenido y del cumplimiento".

La forma

El formato debe cumplir con todos los requisitos de índole adjetivo. Los artículos 8º, 14 y 16 de la Constitución Política de los Estados Unidos Mexicanos establecen, básicamente, los siguientes requisitos formales:

1. Debe constar por escrito;

137

2. Nombre y apellidos del servidor público suscriptor;

3. Cargo;

4. Firma autógrafa;

5. Fundamentación y motivación, y

6. Competencia.

> Conforme al principio de legalidad y seguridad jurídica contenido en el artículo 16, primer párrafo, de la Constitución Política de los Estados Unidos Mexicanos, las actuaciones judiciales y las de autoridades formalmente administrativas, pero materialmente jurisdiccionales, para ser válidas requieren que, además de contener la firma autógrafa, expresen el cargo, nombre y apellidos de los servidores que en ellas intervengan y del secretario que las autoriza y da fe, ya que con el nombre se establece la identificación de quien firma; de modo que ante la omisión del nombre y apellidos del titular o de los integrantes del órgano jurisdiccional o del secretario que autoriza y da fe en dichas actuaciones, no existe certeza de su autenticidad y, por ende, se produce su invalidez; además, la falta del nombre del servidor público que actuó como titular o como integrante del órgano jurisdiccional deja en estado de indefensión a las partes, al no poder formular, en un momento dado, recusación contra quien fungió con ese carácter, o bien, alegar que está impedido legalmente para intervenir en esas actuaciones (Tesis 2a./J. 151/2013 [10a.].

El artículo 200 de la Ley General de Responsabilidades Administrativas, establece como requisitos formales para la integración de los expedientes, en complemento a las anteriormente señaladas, las siguientes:

1. Utilizar el idioma español;

2. Las cantidades y fechas se escribirán con letra, y

3. No se emplearán abreviaturas.

Aunque la observancia de estos requisitos no es obligatoria para la autoridad investigadora, es claro que sus escritos deben redactarse en idioma español, no contener abreviaturas, y claro, no existirá ningún inconveniente en escribir las cantidades y fechas sólo con letras.

El lugar, fecha y hora de cada actuación parece no ser relevante para el legislador, pero en la práctica se utilizan con mucha frecuencia. Estos elementos juegan un papel importante en los controles internos y organización administrativa, por ello, consideramos que deben formar parte de las formalidades, en los casos que procedan. Por ejemplo, en un día pueden registrarse varios inicios. La fecha y la hora en este caso resultarán necesarias para organizar los expedientes.

Requisitos del acto de molestia

Los actos de autoridad pueden ser privativos o de molestia. En el caso de la autoridad investigadora lleva acabo diligencias para el esclarecimiento de posibles faltas administrativas en cuyo desahogo no priva de la libertad, propiedades, posesiones o derechos a las autoridades o gobernados, de ahí que sólo constituya un acto de molestia.

De lo dispuesto en el artículo 16 de la Constitución Federal se desprende que la emisión de todo acto de molestia precisa de la concurrencia indispensable de tres requisitos mínimos, a saber: 1) que se exprese por escrito y contenga la firma original o autógrafa del respectivo funcionario; 2) que provenga de autoridad competente; y, 3)

139

que en los documentos escritos en los que se exprese, se funde y motive la causa legal del procedimiento. Cabe señalar que la primera de estas exigencias tiene como propósito evidente que pueda haber certeza sobre la existencia del acto de molestia y para que el afectado pueda conocer con precisión de cuál autoridad proviene, así como su contenido y sus consecuencias. Asimismo, que el acto de autoridad provenga de una autoridad competente significa que la emisora esté habilitada constitucional o legalmente y tenga dentro de sus atribuciones la facultad de emitirlo. Y la exigencia de fundamentación es entendida como el deber que tiene la autoridad de expresar, en el mandamiento escrito, los preceptos legales que regulen el hecho y las consecuencias jurídicas que pretenda imponer el acto de autoridad, presupuesto que tiene su origen en el principio de legalidad que en su aspecto imperativo consiste en que las autoridades sólo pueden hacer lo que la ley les permite; mientras que la exigencia de motivación se traduce en la expresión de las razones por las cuales la autoridad considera que los hechos en que basa su proceder se encuentran probados y son precisamente los previstos en la disposición legal que afirma aplicar. Presupuestos, el de la fundamentación y el de la motivación, que deben coexistir y se suponen mutuamente, pues no es posible citar disposiciones legales sin relacionarlas con los hechos de que se trate, ni exponer razones sobre hechos que carezcan de relevancia para dichas disposiciones. Esta correlación entre los fundamentos jurídicos y los motivos de hecho supone necesariamente un razonamiento de la autoridad para demostrar la aplicabilidad de los preceptos legales invocados a los hechos de que se trate, lo que en realidad implica la fundamentación y motivación de la causa legal del procedimiento (Tesis I.3o.C.52 K).

Haciendo una interpretación armónica de las garantías individuales de legalidad y seguridad jurídica que consagran los artículos 14 y 16 constitucionales, se advierte que los actos de molestia y privación deben, entre otros requisitos, ser emitidos por autoridad competente y cumplir las formalidades esenciales que les den eficacia jurídica, lo que significa que todo acto de autoridad necesariamente debe emitirse por quien para ello esté facultado expresándose, como parte de las formalidades esenciales, el carácter con que se suscribe y el dispositivo, acuerdo o decreto que otorgue tal legitimación. De lo contrario, se dejaría al afectado en estado de indefensión, ya que al no conocer el apoyo que faculte a la autoridad para emitir el acto, ni el carácter con que lo emita, es evidente que no se le otorga la oportunidad de examinar si su actuación se encuentra o no dentro del ámbito competencial respectivo, y es conforme o no a la Constitución o a la ley; para que, en su caso, esté en aptitud de alegar, además de la ilegalidad del acto, la del apoyo en que se funde la autoridad para emitirlo, pues bien puede acontecer que su actuación no se adecúe exactamente a la norma, acuerdo o decreto que invoque, o que éstos se hallen en contradicción con la ley fundamental o la secundaria (Tesis P./J. 10/94).

En conclusión, como ha quedado precisado, un acto de molestia de la autoridad investigadora debe contener los siguientes elementos:

1. Constar por escrito;

2. Nombre y apellidos del servidor público suscriptor;

3. Cargo;

4. Firma autógrafa;

5. Fundamentación y motivación;

6. Competencia;

7. Estar redactado el idioma español;

8. Las cantidades y fechas deberán estar escritas con letras;

9. No debe contener abreviaturas, y

10. Deberá señalar lugar, fecha y hora de expedición, en los casos que así se requiera.

Catálogo

Los formatos que se incluyen a continuación, son una recopilación de aquellos que utilizan diversas autoridades investigadoras, en los tres órdenes de gobierno. Fueron seleccionados los que, en opinión del autor, cumplen con la sencillez y claridad didáctica que se busca difundir en este material. Para unificarlos, se adaptaron a un caso práctico del municipio de Balancán, Tabasco.

Formato 1. Inicio por denuncia presentada mediante escrito

Este formato es el más común en la recepción de denuncias o vistas.

El primer problema que se presenta al acordar el inicio de una investigación, es que las denuncias y las vistas no siempre están redactadas con claridad.

La autoridad investigadora, antes de elaborar el acuerdo de inicio, deberá realizar un análisis de la información presentada y su soporte documental. Posteriormente, cuando tenga claro los hechos que va a investigar, deberá redactar el acuerdo de inicio. Plasmará los hechos de manera lógica y cronológica. Su relato deberá responder de manera implícita el mayor número de preguntas.

En la redacción del acuerdo de inicio y en general cualquier documento que forme parte de la investigación, se deberá privilegiar la redacción simple, clara y compresible para todo público.

Los expedientes de investigación están reservados para las partes, no obstante, al concluir el procedimiento podrán ser públicos. Cualquier persona que ejerza su derecho al libre acceso a la información pública podrá obtenerlos, claro, con sus respectivas restricciones.

El inicio de una investigación, no constituye un acto de molestia. Los actos verificados durante la investigación, tampoco irrogan perjuicio al servidor público, pues no trasciende irreparablemente en su esfera jurídica debido a que son susceptibles de anularse de manera posterior.

Este formato, pretende dar a conocer los requisitos mínimos que debe contener el acuerdo de inicio. Cada quien, de sus lecturas, experiencia, argumentación y práctica, hará de sus escritos un carruaje, que podrá ser tirado de uno o de muchos caballos según su habilidad.

Acuerdo. Inicio de investigación

Ciudad de Balancán, Tabasco, México. Catorce horas del día doce de marzo de dos mil veintitrés.

Se tiene por recibido el oficio DSCP/015/2023, firmado por **Xgg Yxx Lcc**, jefe del Departamento de Seguimiento y Control Patrimonial, del Ayuntamiento del Municipio de Balancán, Tabasco, a través del cual da vista de hechos relacionados con la comisión de presuntas Faltas Administrativas, cometidas por servidores públicos de este municipio.

El denunciante señala, básicamente, que_____
_____.

Se considera que los hechos que se informan pueden constituir faltas administrativas. Denotan circunstancias adversas e inadecuadas por parte de Servidores Públicos del municipio de Balancán, Tabasco, de ahí que sea necesario reunir los documentos y la información suficiente, que permita el esclarecimiento de los hechos denunciados y la identificación de los servidores públicos que resulten probables responsables, en su caso.

Con apoyo en lo dispuesto en los artículos 109 fracción III, párrafos primero, segundo y sexto de la Constitución Política de los Estados Unidos Mexicanos; 67 fracción II, párrafo quinto de la Constitución Política del Estado Libre y Soberano de Tabasco; 3º fracción II, 9º fracción II, 10º, 94 y 95 de la Ley General de Responsabilidades Administrativas; 3 bis y 81 fracción XV de la Ley Orgánica de los Municipios del estado de Tabasco;

(_____)[1], esta autoridad determina iniciar investigación por presunta responsabilidad de faltas administrativas, para ello, se realizan las anotaciones correspondientes en el Libro de Gobierno, que se lleva en esta contraloría, y con el escrito de denuncia, que consta de seis páginas, fórmese el Expediente de Presunta Responsabilidad Administrativa número EPRA 01/CMB/2023, de acuerdo con el número progresivo que le corresponde.

El derecho a la formulación de denuncias en contra de servidores públicos, implica que se reciba materialmente el documento que contenga la misma, y que se haga del conocimiento del particular, la decisión que al respecto recaiga sobre esta. En el caso que nos ocupa, aunque se trata de una vista, se deberá proceder en los mismos términos, por lo tanto, deberá hacerse del conocimiento, de manera personal, a **Xgg Yxx Lcc**, que su vista fue admitida y se ordenó integrar el Expediente de Presunta Responsabilidad Administrativa número EPRA 05/CMB/2023.

Lo acordó y firma la autoridad investigadora de la Contraloría Municipal de Balancán, Tabasco.

Lic. Sxx Axx Gxx
Autoridad Investigadora

[1] Norma local que crea y legitima a la autoridad. Por ejemplo, artículos 17 y 18 del Reglamento Interior de la Contraloría Municipal de Balancán, Tabasco, publicado en el Periódico Oficial del Estado de Tabasco el 21 de septiembre de 2019.

Formato 2. Recepción de denuncia por comparecencia

Acuerdo. Inicio de investigación

Ciudad de Balancán, Tabasco, México. Catorce horas del día doce de marzo de dos mil veintitrés.

Se tiene presente a _____, quien se identifica con credencial para votar, expedida por el Instituto Nacional Electoral, con clave de elector _____, cuyos rasgos fisonómicos coinciden con la persona que tengo a la vista. Señala como domicilio para oír y recibir notificaciones el predio ubicado en la calle Francisco Villa, número veintidós, colonia Centro, Balancán, Tabasco. Para los mismos efectos señala el número telefónico _____ y el correo electrónico _____.

Manifiesta que comparece para formular denuncia por la probable comisión de una falta administrativa, derivado de los hechos que narra a continuación:

_____
_____.

Se considera que los hechos que se informan pueden constituir faltas administrativas. Denotan circunstancias adversas e inadecuadas por parte de Servidores Públicos del municipio de Balancán, Tabasco, de ahí que sea necesario reunir los documentos y la información suficiente que permitan el esclarecimiento de los hechos denunciados y la identificación de los servidores públicos que resulten probables responsables, en su caso.

Con apoyo en lo dispuesto en los artículos 109 fracción III, párrafos primero, segundo y sexto de la Constitución Política de los Estados Unidos Mexicanos; 67 fracción II, párrafo quinto de la Constitución Política del Estado Libre y Soberano de Tabasco; 3º fracción II, 9º fracción II, 10º, 94 y 95 de la Ley General de Responsabilidades Administrativas; 3 bis y 81 fracción XV de la Ley Orgánica de los Municipios del estado de Tabasco;

147

(_____)[1], esta autoridad determina iniciar investigación, por presunta responsabilidad de faltas administrativas, derivado de la recepción de la denuncia por comparecencia, para ello, se realizan las anotaciones correspondientes en el Libro de Gobierno, que se lleva en esta contraloría, y con la copia de la credencial de elector del denunciante, copia del acta de entrega y recepción del proyecto OP33-064 y copia de la póliza de la fianza de vicios ocultos, de dicho proyecto, exhibidos en esta diligencia por el denunciante que en total suman cinco páginas, fórmese el Expediente de Presunta Responsabilidad Administrativa número EPRA 05/CMB/2023, de acuerdo con el número progresivo que le corresponde.

Por último, el derecho a la formulación de denuncias en contra de servidores públicos, implica que se reciba materialmente la misma, y que se haga del conocimiento del denunciante la decisión que al respecto recaiga sobre esta, por lo tanto, en vía de notificación, se le entrega copia de este acuerdo por encontrarse presente en este momento.

Lo acordó y firma, la Autoridad Investigadora de la Contraloría Municipal de Balancán, Tabasco.

Lic. Sxx Axx Gxx
Autoridad Investigadora

JJJJ HHHH RRRR
Denunciante

[1] Norma local que crea y legitima a la autoridad. Por ejemplo, artículos 17 y 18 del Reglamento Interior de la Contraloría Municipal de Balancán, Tabasco, publicado en el Periódico Oficial del Estado de Tabasco el 21 de septiembre de 2019.

Formato 3. Recepción de denuncia en formato preestablecido

Formato de denuncia escrita en contra de servidores públicos del municipio de Balancán, Tabasco

Autoridad Investigadora de la Contraloría Municipal de Balancán, Tabasco. Presente:

Suscripción

Lugar: _____

Fecha: _____

Datos del Denunciante

Nombre: _____
           Nombre(s)   Apellido Paterno   Apellido materno

Identificación: _____
                 IFE, Cartilla u otros

Clave: _____

Domicilio para recibir notificaciones:

_____

_____

Localidad:

_____

Teléfono: _____

Correo electrónico: _____

¿Desea que su identidad se mantenga con carácter de confidencial?   Sí_____   No_____

Sólo persona moral

Mencione el nombre de la persona moral y documento que acredite la personalidad del denunciante

Datos del o los servidores públicos presuntos responsables (en caso que los conozca)

Descripción de hechos

Describa aquí fecha, hora, lugar, como ocurrieron los hechos y quien los cometió (si el espacio no es suficiente continuar al reverso).

Pruebas:

Indique, si es posible, nombre de testigos o documentos que sirvan para la investigación.

_____
Firma

149

Formato 4. Verificación de datos en oficio

Al hacer un nuevo requerimiento o solicitud de información, es común que se copie el formato de un expediente anterior. Esto, aunque simplifica mucho el trabajo, tiene sus inconvenientes. Requiere actualizar la información en varias partes del documento, sin embargo, en ocasiones, no se realizan y se envía el documento con errores.

Para prevenir esta situación, se sugiere que, previo a tramitar el oficio se verifiquen los siguientes datos.

No.	Datos a verificar en oficio	√
1	Número de expediente	
2	Número de oficio	
3	Asunto	
4	Lema del año (en su caso)	
5	Fecha (día/mes/año/)	
6	Nombre del destinatario	
7	Cargo	
8	Requerimiento	
9	Días concedidos para cumplir	
10	Fundamentos	
11	Apercibimiento	
12	UMAS (cantidad/importe/monto resultante)	
13	Firma	

Formato 5. Notificación de admisión y trámite de denuncia

AUTORIDAD INVESTIGADORA
DE LA CONTRALORÍA MUNICIPAL
DE BALANCÁN, TABASCO.
Expediente: EPRA 05/AI-CMB/2023
Oficio: AICMB/0023/2023

Asunto: Se notifica atención y tramite de denuncia.

Balancán, Tabasco, a trece de marzo de dos mil veintitrés.

Lic. Xgg Yxx Lcc,
Jefe del Departamento de Seguimiento y Control Patrimonial
Presente.

De conformidad con lo dispuesto por los artículos 109 fracción III, párrafos primero, segundo y sexto de la Constitución Política de los Estados Unidos Mexicanos; 67 fracción II, párrafo quinto de la Constitución Política del Estado Libre y Soberano de Tabasco; 3º fracción II, 9º fracción II, 10º, 94 y 95 de la Ley General de Responsabilidades Administrativas; 3 bis y 81 fracción XV de la Ley Orgánica de los Municipios del estado de Tabasco; (_____)[1], le hago del conocimiento que su denuncia presentada ante esta autoridad investigadora, el día doce de marzo de dos mil veintitrés, mediante oficio DSCP/015/2023, fue admitida y se integró para su trámite el Expediente de Presunta Responsabilidad Administrativa número EPRA 05/CMB/2023.

Lic. Sxx Axx Gxx
Autoridad Investigadora

---

[1] Norma local que crea y legitima a la autoridad. Por ejemplo, artículos 17 y 18 del Reglamento Interior de la Contraloría Municipal de Balancán, Tabasco, publicado en el Periódico Oficial del Estado de Tabasco el 21 de septiembre de 2019.

Formato 6. Requerimiento de expediente personal

El texto se construye con párrafos que contienen una idea. Es un principio básico en la redacción de cualquier texto, que la información más importante se escriba al inicio.

En los requerimientos de la autoridad investigadora, por lo general, destacan tres ideas: el requerimiento, la fundamentación y motivación y el apercibimiento.

Se estima que la información más importante es el requerimiento. Deberá escribirse al principio del texto y separarse de la fundamentación y motivación. Los abogados confundimos con frecuencia que, la fundamentación, aunque es una obligación formal del acto de autoridad, no es lo más importante en el escrito.

En la actualidad, la jurisprudencia de la Onceava Época, sentencias y diversos documentos oficiales de carácter legal, identifican las partes del texto con un pequeño título. Esto permite al lector conocer la estructura del documento y situarse en la parte que le interesa.

AUTORIDAD INVESTIGADORA
DE LA CONTRALORÍA MUNICIPAL
DE BALANCÁN, TABASCO.
Expediente: EPRA 05/AI-CMB/2023
Oficio: AICMB/0024/2023

Asunto: Requerimiento de expediente personal.

Balancán, Tabasco, a trece de marzo de dos mil veintitrés.

L.C.P. Exxx Hxxx Pxxx
Director de Administración
Presente.

Requerimiento. Le solicito atentamente, remita, dentro de los cinco días hábiles siguientes a la notificación de este documento, copia certificada del expediente personal de _____. En su caso, deberá remitir copia certificada de su nombramiento, si no se incluye en el expediente mencionado.

Fundamento y motivación. Este acto de autoridad se funda en los artículos 109 fracción III, párrafos primero, segundo y sexto de la Constitución Política de los Estados Unidos Mexicanos; 67 fracción II, párrafo quinto de la Constitución Política del Estado Libre y Soberano de Tabasco; 3º fracción II, 9º fracción II, 10º, 94, 95 y 96 de la Ley General de Responsabilidades Administrativas; 3º bis y 81 fracción XV de la Ley Orgánica de los Municipios del estado de Tabasco; (_____). Tiene por finalidad investigar y recabar información suficiente que permita determinar, en su caso, la existencia de actos u omisiones que la Ley señala como falta administrativa y la presunta responsabilidad de servidores públicos.

Apercibimiento. De no cumplir en la forma y término de lo dispuesto, sin motivo justificado, se le aplicará como medida una multa por la cantidad de cien veces el valor diario de la Unidad de Medida y Actualización (en adelante UMA), misma que constituirá crédito fiscal en favor del erario municipal, por tratarse de un aprovechamiento. Esta medida podrá duplicarse o triplicarse en cada ocasión, hasta alcanzar dos mil veces el valor diario de la UMA, en caso de renuencia al cumplimiento de este mandato.

En el año dos mil veintitrés, el UMA tiene un valor diario de ciento tres pesos con setenta y cuatro centavos, por lo tanto, el importe de la multa resultará la cantidad de diez mil trescientos setenta y cuatro pesos.

153

Lo anterior, de conformidad con lo dispuesto por el artículo 97 fracción I de la Ley General de Responsabilidades Administrativas.

Lic. Sxx Axx Gxx
Autoridad Investigadora

Formato 7. Requerimiento de información al Registro Público de la Propiedad y del Comercio

Cuando se realiza un requerimiento a una dependencia externa, es necesario incluir el domicilio de la Autoridad Investigadora correo electrónico y número telefónico, para que la requerida, pueda establecer contacto, en caso de duda, o bien, remita sin mayor problema la información solicitada.

AUTORIDAD INVESTIGADORA
DE LA CONTRALORÍA MUNICIPAL
DE BALANCÁN, TABASCO.
Expediente: EPRA 05/AI-CMB/2023
Oficio: AICMB/0025/2023
Asunto: Requerimiento de informe.
Balancán, Tabasco, a trece de marzo de dos mil veintitrés.

Lic. Mxxx Rxxxx Fxxx
Director General del Registro Público
de la Propiedad y del Comercio
Presente.

Requerimiento. Le solicito atentamente, informe, dentro de los diez días hábiles siguientes a la notificación de este documento, si el C._____, con Registro Federal de Contribuyente (R.F.C) _____ y Constancia de Clave Única de Registro de Población (CURP) _____, cuenta con registro inmobiliario, mobiliario, de personas jurídicas colectivas, otros documentos o actos de comercio, inscritos en el Registro Público de la Propiedad y del Comercio.

155

En su caso, deberá remitir copia certificada de los documentos o registros que sustenten su informe.

La información que se requiere, es fundamental para integrar adecuadamente el Expediente de Presunta Responsabilidad Administrativa indicado al rubro, en donde se investigan hechos que pueden llegar a constituir una falta grave[1].

Fundamento y motivación. Este acto de autoridad se funda en los artículos 109 fracción III, párrafos primero, segundo y sexto de la Constitución Política de los Estados Unidos Mexicanos; 67 fracción II, párrafo quinto de la Constitución Política del Estado Libre y Soberano de Tabasco; 3º fracción II, 9º fracción II, 10º, 94, 95 y 96 de la Ley General de Responsabilidades Administrativas; 3º bis y 81 fracción XV de la Ley Orgánica de los Municipios del estado de Tabasco; (_____). Tiene por finalidad investigar y recabar información suficiente que permita determinar, en su caso, la existencia de actos u omisiones que la Ley señala como falta administrativa y la presunta responsabilidad de servidores públicos.

Apercibimiento. De no cumplir en la forma y término de lo dispuesto, sin motivo justificado, se le aplicará como medida una multa por la cantidad de cien veces el valor diario de la Unidad de Medida y Actualización (en adelante UMA), misma que constituirá crédito fiscal en favor del erario municipal, por tratarse de un aprovechamiento. Esta medida podrá duplicarse o triplicarse en cada ocasión, hasta alcanzar dos mil veces el valor diario de la UMA, en caso de renuencia al cumplimiento de este mandato.

En el año dos mil veintitrés, el UMA tiene un valor diario de ciento tres pesos con setenta y cuatro centavos, por lo tanto, el importe de la multa resulta la cantidad de diez mil trescientos setenta y cuatro pesos.

Lo anterior, de conformidad con lo dispuesto por el artículo 97 fracción I de la Ley General de Responsabilidades Administrativas.

156

Contacto. En caso de duda o aclaración respecto de lo solicitado, puede comunicarse al número de teléfono _____ o al correo electrónico _____.

El informe requerido deberá remitirse a la oficina que ocupa esta autoridad investigadora, que se ubica en calle _____, número _____, colonia Centro, código postal _____, Balancán, Tabasco.

Lic. Sxx Axx Gxx
Autoridad Investigadora

[1] Este párrafo técnicamente no es necesario, pero en la práctica, al utilizarlo, la posibilidad de obtener un resultado favorable fue mayor.

Formato 8. Requerimiento de información a la Secretaría de Finanzas del Estado

AUTORIDAD INVESTIGADORA
DE LA CONTRALORÍA MUNICIPAL
DE BALANCÁN, TABASCO.
Expediente: EPRA 05/AI-CMB/2023
Oficio: AICMB/0027/2023

Asunto: Requerimiento de informe.

Balancán, Tabasco, a trece de marzo de dos mil veintitrés.

Lic. Mxxx Rxxxx Fxxx
Secretario de Finanzas del Gobierno del Estado
Presente.

A/A.: Dirección de recaudación.

Requerimiento. Le solicito atentamente, informe, dentro de los diez días hábiles siguientes a la notificación de este oficio, si en los archivos o registros de bases de datos, que posee o administra la dependencia a su cargo, existe vehículo automotor registrado a nombre de _____ con Registro Federal de Contribuyente (R.F.C) _____ y Constancia de Clave Única de Registro de Población (CURP) _____.

En su caso, deberá remitir copia certificada de los documentos o registros que sustenten su informe.

Fundamento y motivación. Este acto de autoridad se funda en los artículos 109 fracción III, párrafos primero, segundo y sexto de la Constitución Política de los Estados Unidos Mexicanos; 67 fracción II, párrafo quinto de la Constitución Política del Estado Libre y Soberano de Tabasco; 3º fracción II, 9º fracción II, 10º, 94,

95 y 96 de la Ley General de Responsabilidades Administrativas; 3º bis y 81 fracción XV de la Ley Orgánica de los Municipios del estado de Tabasco; (_____). Tiene por finalidad investigar y recabar información suficiente que permita determinar, en su caso, la existencia de actos u omisiones que la Ley señala como falta administrativa y la presunta responsabilidad de servidores públicos.

Apercibimiento. De no cumplir en la forma y término de lo dispuesto, sin motivo justificado, se le aplicará como medida una multa por la cantidad de cien veces el valor diario de la Unidad de Medida y Actualización (en adelante UMA), misma que constituirá crédito fiscal en favor del erario municipal, por tratarse de un aprovechamiento. Esta medida podrá duplicarse o triplicarse en cada ocasión, hasta alcanzar dos mil veces el valor diario de la UMA, en caso de renuencia al cumplimiento de este mandato.

En el año dos mil veintitrés, el UMA tiene un valor diario de ciento tres pesos con setenta y cuatro centavos, por lo tanto, el importe de la multa resulta la cantidad de diez mil trescientos setenta y cuatro pesos.

Lo anterior, de conformidad con lo dispuesto por el artículo 97 fracción I de la Ley General de Responsabilidades Administrativas.

Contacto. En caso de duda o aclaración respecto de lo solicitado, puede comunicarse al número de teléfono _____ o al correo electrónico _____.

El informe requerido deberá remitirse a la oficina que ocupa esta autoridad investigadora, que se ubica en calle _____, número _____, colonia Centro, código postal _____. Balancán, Tabasco.

Lic. Sxx Axx Gxx
Autoridad Investigadora

159

Formato 9. Requerimiento de información al SINIIGA

El Sistema Nacional de Identificación Individual de Ganado (SINIIGA) opera el banco central de información ganadera, bajo la dirección del Centro Operativo Nacional (CON) junto con la SAGARPA. Tiene sus oficinas centrales en la ciudad de México. En todas las entidades federativas existen ventanillas autorizadas que son las encargadas de proporcionar información. Sus domicilios y números telefónicos se localizan en la página electrónica del SINIIGA.

AUTORIDAD INVESTIGADORA
DE LA CONTRALORÍA MUNICIPAL
DE BALANCÁN, TABASCO.
Expediente: EPRA 05/AI-CMB/2023
Oficio: AICMB/0028/2023

Asunto: Requerimiento de informe.

Balancán, Tabasco, a trece de marzo de dos mil veintitrés.

Ing. Mxxx Rxxxx Fxxx
Jefe de Ventanilla SINIIGA, Tabasco
Presente.

Requerimiento. Le solicito atentamente, informe, dentro de los diez días hábiles siguientes a la notificación de este oficio, si en los archivos o registros de bases de datos del SINIIGA, (bajo su resguardo, posesión o administración) existen ganados identificados a nombre del investigado_____, con R.F.C.: _____ y CURP.: _____.

En su caso, deberá remitir copia certificada de los documentos o registros, que sustenten su informe. Asimismo, deberá indicar el número y tipo de ganado, Unidad de Producción Pecuaria (UPP) registrada y su última fecha de actualización.

Fundamento y motivación. Este acto de autoridad se funda en los artículos 109 fracción III, párrafos primero, segundo y sexto de la Constitución Política de los Estados Unidos Mexicanos; 67 fracción II, párrafo quinto de la Constitución Política del Estado Libre y Soberano de Tabasco; 3° fracción II, 9° fracción II, 10°, 94, 95 y 96 de la Ley General de Responsabilidades Administrativas; 3° bis y 81 fracción XV de la Ley Orgánica de los Municipios del estado de Tabasco; (_____). Tiene por finalidad investigar y recabar información suficiente que permita determinar, en su caso, la existencia de actos u omisiones que la Ley señala como falta administrativa y la presunta responsabilidad de servidores públicos.

Apercibimiento. De no cumplir en la forma y término de lo dispuesto, sin motivo justificado, se le aplicará como medida una multa por la cantidad de cien veces el valor diario de la Unidad de Medida y Actualización (en adelante UMA), misma que constituirá crédito fiscal en favor del erario municipal, por tratarse de un aprovechamiento. Esta medida podrá duplicarse o triplicarse en cada ocasión, hasta alcanzar dos mil veces el valor diario de la UMA, en caso de renuencia al cumplimiento de este mandato.

En el año dos mil veintitrés, el UMA tiene un valor diario de ciento tres pesos con setenta y cuatro centavos, por lo tanto, el importe de la multa resultará la cantidad de diez mil trescientos setenta y cuatro pesos.

Lo anterior, de conformidad con lo dispuesto por el artículo 97 fracción I de la Ley General de Responsabilidades Administrativas.

Contacto. En caso de duda o aclaración respecto de lo solicitado, puede comunicarse al número de teléfono _____ o al correo electrónico _____.

161

El informe requerido deberá remitirse a la oficina que ocupa esta autoridad investigadora, que se ubica en calle _____, número ___, colonia Centro, código postal _____. Balancán, Tabasco.

_____

Lic. Sxx Axx Gxx
Autoridad Investigadora

Formato 10. Requerimiento de información al SAT

Para realizar este requerimiento fue necesario establecer contacto previo con personal de la Administración Desconcentrada de Recaudación de Tabasco quienes nos indicaron cual era el área encargada de atender nuestro requerimiento.

En esta ocasión, al requerir la colaboración se estimó que no era apropiado hacer uso del apercibimiento.

La autoridad investigadora, tiene la facultad discrecional, para determinar en cuales requerimientos puede hacer uso de las medidas.

AUTORIDAD INVESTIGADORA
DE LA CONTRALORÍA MUNICIPAL
DE BALANCÁN, TABASCO.
Expediente: EPRA 05/AI-CMB/2023

Oficio: AICMB/0029/2023

Asunto: Requerimiento de informe.

Balancán, Tabasco, a trece de marzo de dos mil veintitrés.

Lic. Txxxx Rxxx Cxxx
Administrador Desconcentrado
de Recaudación Tabasco "1".
Presente.

Requerimiento. Le solicito atentamente, su colaboración para que remita, dentro de los quince días hábiles siguientes a la notificación de este oficio, informe de ingreso reportado, en la Declaración Anual del Impuesto Sobre la Renta, del ejercicio fiscal dos mil veintidós, del servidor público _____, con Registro

Federal de Contribuyente (R.F.C) _____ y Constancia de Clave Única de Registro de Población (CURP) _____.

La información que se requiere, es fundamental para integrar adecuadamente el Expediente de Presunta Responsabilidad Administrativa indicado al rubro, en donde se investigan hechos que pueden llegar a constituir una falta grave.

Fundamento y motivación. Este acto de autoridad se funda en los artículos 109 fracción III, párrafos primero, segundo y sexto de la Constitución Política de los Estados Unidos Mexicanos; 67 fracción II, párrafo quinto de la Constitución Política del Estado Libre y Soberano de Tabasco; 3º fracción II, 9º fracción II, 10º, 94, 95 y 96 de la Ley General de Responsabilidades Administrativas; 3º bis y 81 fracción XV de la Ley Orgánica de los Municipios del estado de Tabasco; (_____). Tiene por finalidad investigar y recabar información suficiente que permita determinar, en su caso, la existencia de actos u omisiones que la Ley señala como falta administrativa y la presunta responsabilidad de servidores públicos.

Contacto. En caso de duda o aclaración respecto de lo solicitado, puede comunicarse al número de teléfono _____ o al correo electrónico _____.

El informe requerido deberá remitirse a la oficina que ocupa esta autoridad investigadora, que se ubica en calle _____, número _____, colonia Centro, código postal _____. Balancán, Tabasco.

Lic. Sxx Axx Gxx
Autoridad Investigadora

Formato 11. Requerimiento de información a la Comisión Nacional Bancaria y de Valores (CNBV)

La Comisión Nacional Bancaria y de valores tiene disposiciones especiales para atender requerimientos de información.

En su página oficial, se localiza el documento denominado: RESOLUCIÓN que modifica las Disposiciones de carácter general aplicables a los requerimientos de información que formulen las autoridades a que se refieren los artículos 142 de la Ley de Instituciones de Crédito, 34 de la Ley de Ahorro y Crédito Popular, 44 de la Ley de Uniones de Crédito, 69 de la Ley para Regular las Actividades de las Sociedades Cooperativas de Ahorro y Préstamo, 55 de la Ley de Fondos de Inversión y 73 de la Ley para Regular las Instituciones de Tecnología Financiera. Contiene el link https://www.cnbv.gob.mx/PrevencionDeLavadoDeDinero/D ocuments/FormatosSIARA.zip que permite la descarga de diversos documentos de carácter orientador para rellenar de forma correcta el oficio que se menciona a continuación.

Los datos y la información personal que contiene el formato que se muestra a continuación fueron sustituidos. Se muestra un oficio completamente llenado, que cumple con las exigencias de la CNBV.

165

Sandro García Rojas Castillo **Vicepresidente de Supervisión de Procesos Preventivos** **Comisión Nacional Bancaria y de Valores** **Insurgentes Sur 1971, Conjunto Plaza Inn, Col. Guadalupe Inn,** **Del. Álvaro Obregón, C.P. 01020, Ciudad de México.** **P r e s e n t e**	**Número de oficio:** CMB/0099/2022 **Fecha:** 15 de marzo de 2022

DATOS GENERALES DEL SOLICITANTE

Órgano Interno de Control del Ayuntamiento del Municipio de Balancán, Tabasco Autoridad investigadora Domicilio: Calle Melchor Ocampo sin número, colonia Centro, Balancán, Tabasco, Código Postal 86930.	Lic. Imer Reyes López. Autoridad Investigadora Teléfono: 934 34 4 16 33 Correo electrónico: Contraloria@balancan.gob.mx

FACULTADES

Artículos 109 fracción III de la Constitución Política de los Estados Unidos Mexicanos; 67 fracción II, párrafo quinto de la Constitución Política del Estado Libre y Soberano de Tabasco; 3 fracción II, 9 fracción II, 10 y 94 de la Ley General de Responsabilidades Administrativas; 3 bis y 81 fracción XV de la Ley Orgánica de los Municipios del estado de Tabasco; 17 y 18 del Reglamento Interior de la Contraloría Municipal de Balancán, Tabasco.

FUNDAMENTOS

Artículo 95 de la Ley General de Responsabilidades Administrativas, en correlación con el artículo 142 de la Ley de Instituciones de Crédito.

MOTIVACIÓN

En ejercicio de las atribuciones que le son conferidas a esta Autoridad Investigadora, resulta indispensable contar con los elementos suficientes y necesarios para el esclarecimiento de los hechos presuntamente irregulares, que pudieran constituir faltas administrativas calificadas como graves o, en su caso, delitos, cometidos por las personas investigadas

166

ORIGEN DEL REQUERIMIENTO

Tipo de Requerimiento:
- Información y Documentación: X
- Orden de aseguramiento o desbloqueo de cuentas o transferencia de fondos: _____

No. de averiguación previa o carpeta de investigación, revisión, auditoría, expediente o el procedimiento que se relaciona con la petición: EPRA 00/AI-CMB/2022

Monto del crédito: N/A

Créditos fiscales: N/A

Periodo de revisión: marzo 2022
Antecedentes:

Requerimiento nuevo Si	Recordatorio	Precisión	Alcance

Requerimiento anterior: _____

PERSONAS QUE INTEGRAN LA AVERIGUACIÓN PREVIA O CARPETA DE INVESTIGACIÓN, REVISIÓN, AUDITORÍA, EXPEDIENTE O PROCEDIMIENTO.

Nombre completo o denominación social o razón social.	Carácter
Municipio de Balancán, Tabasco	Ente público

DATOS DE QUIEN SE REQUIERE INFORMACIÓN

Nombre completo, denominación social o razón social	RFC	Carácter
Pedro Perezz Gonzalezz	SIMA770921IA7	Servidor público

Datos complementarios: Domicilio o CURP o fecha de nacimiento.
CURP: SIMA770921HPSLGL02

Cuentas conocidas.

Entidad Financiera o Sector	No. de cuenta o contrato	Instrucciones
HSBC MÉXICO, S.A.	687 894 1953	Copia certificada de los estados de cuenta

Cuentas por Conocer.

Entidad financiera o sector	Instrucciones
BANCO NACIONAL DE MÉXICO, S.A. BBVA MÉXICO S.A. SCOTIABANK INVERLAT, S.A. HSBC MÉXICO, S.A. BANCO SANTANDER (MÉXICO), S.A. BANCO MERCANTIL DEL NORTE S.A. BANCO REGIONAL, S.A BANCA AFIRME, S.A. BANCO MONEX, S.A.	Copia certificada de los estados de cuenta

Atentamente

Lic. Imer Reyes López
Autoridad Investigadora del Órgano
Interno de Control del Ayuntamiento
del Municipio de Balancán, Tabasco

En términos de las "Disposiciones de carácter general aplicables a los requerimientos de información que formulen las autoridades a que se refieren los artículos 142 de la Ley de Instituciones de Crédito, 34 de la Ley de Ahorro y Crédito Popular, 44 de la Ley de Uniones de Crédito, 69 de la Ley para regular las Actividades de las Sociedades Cooperativas de Ahorro y Préstamo, 55 de la Ley de Fondos de Inversión y 73 de la Ley para Regular las Instituciones de Tecnología Financiera publicadas en el Diario Oficial de la Federación (DOF) de fecha 12 de febrero de 2012, actualizadas con las modificaciones publicada en el propio DOF el 26 de agosto de 2014, 13 de marzo de 2017, 4 de septiembre de 2018 y 24 de diciembre de 2021", se manifiesta que:

Acepta recibir la información y documentación objeto de las respuestas de la CNBV a sus requerimientos y oficios de seguimiento, por el mismo medio en que estos hayan sido notificados a la CNBV y que acusará de recibida la respuesta de que se trate dentro de los tres días hábiles siguientes a la de su recepción, por el correo electrónico o por el SIARA, entendiendo y aceptando que, en caso de no acusar

Municipio de Balancán, Tabasco
Contraloría
Autoridad Investigadora

a. la recepción de dicho correo o por el SIARA, la CNVB tendrá por notificada la respuesta, para los efectos legales a que haya lugar.

b. Acepta que la CNBV le envíe la respuesta mediante correo electrónico y a utilizar el Portal de Gestión Documental (PGD), como medio para obtener la información y documentación que la CNBV deposite en respuesta a sus requerimientos y oficios de seguimiento, obligándose a ingresar a dicho PGD para descargar dicha información y documentación; que acepta de acusar de recibido el correo electrónico remitido por la CNBV dentro de los tres días hábiles siguientes al de su recepción, y que entiende y acepta que, en caso de no acusar la recepción del mencionado correo electrónico, la CNBV tendrá como notificada la respuesta y descargada la información del PGD por parte de la autoridad, para los efectos legales a que haya lugar.

168

Formato 12. Requerimiento de información al Instituto Nacional de Migración (INM)

Este formato se utilizó en investigación de falta grave, en donde no se localiza domicilio del investigado.

AUTORIDAD INVESTIGADORA
DE LA CONTRALORÍA MUNICIPAL
DE BALANCÁN, TABASCO.
Expediente: EPRA 05/AI-CMB/2023
Oficio: AICMB/0030/2023

Asunto: Requerimiento de informe.

Balancán, Tabasco, a trece de marzo de dos mil veintitrés.

Lic. Xxx Lxxx Jxxx

Titular de la Oficina de representación

del INM en Tabasco.

Presente.

Requerimiento. Le solicito atentamente, su colaboración para que remita, dentro de los quince días hábiles siguientes a la notificación de este oficio, informe de los registros que obran en sus archivos de entradas y salidas vía terrestre y aérea, nacionales e internacionales del C. _____, con CURP: _____, RFC.: _____ y clave de elector _____.

La información que se requiere, es fundamental para integrar adecuadamente el Expediente de Presunta Responsabilidad Administrativa indicado al rubro, en donde se investigan hechos que pueden llegar a constituir una falta grave.

Fundamento y motivación. Este acto de autoridad se funda en los artículos 109 fracción III, párrafos primero, segundo y sexto de la

169

Constitución Política de los Estados Unidos Mexicanos; 67 fracción II, párrafo quinto de la Constitución Política del Estado Libre y Soberano de Tabasco; 3º fracción II, 9º fracción II, 10º, 94, 95 y 96 de la Ley General de Responsabilidades Administrativas; 3º bis y 81 fracción XV de la Ley Orgánica de los Municipios del estado de Tabasco; (_____). Tiene por finalidad investigar y recabar información suficiente que permita determinar, en su caso, la existencia de actos u omisiones que la Ley señala como falta administrativa y la presunta responsabilidad de servidores públicos.

Contacto. En caso de duda o aclaración respecto de lo solicitado, puede comunicarse al número de teléfono _____ o al correo electrónico _____.

El informe requerido deberá remitirse a la oficina que ocupa esta autoridad investigadora, que se ubica en calle _____, número ___, colonia Centro, código postal _____. Balancán, Tabasco.

Lic. Sxx Axx Gxx
Autoridad Investigadora

Formato 13. Cita para entrevista

La etapa de investigación se caracteriza por ser desformalizada. Cuando se cita a una persona, su declaración no es una prueba o testimonio, sino una entrevista realizada con fines de investigación.

La autoridad investigadora se encuentra obligada a respetar los derechos humanos y a incorporar a sus investigaciones técnicas y métodos de investigación que observen las mejores prácticas internacionales.

La entrevista y la prueba testimonial tienen elementos distintos. La entrevista se lleva a cabo por la autoridad investigadora, en tanto que el testimonio se desahoga ante la autoridad substanciadora o tribunal. El testimonio requiere para su validez el cumplimiento de ciertos elementos formales, que no son necesarios en la entrevista.

Antes de rendir el testimonio, a los testigos se les toma la protesta de conducirse con verdad y se les apercibe de las penas en que incurren aquellos que declaran con falsedad, lo cual no se realiza en la entrevista.

Para el desahogo de la entrevista es importante conocer el documento denominado: Entrevistas de Investigación no coercitivas, que forma parte de la compilación de la iniciativa sobre la Convención contra la Tortura (CTI) en materia de desarrollo de capacidades y material de formación, elaborado con el fin de apoyar a Estados a formar y orientar a los funcionarios acerca de las buenas prácticas para la aplicación de la Convención de las Naciones Unidas contra la Tortura y Otros Tratos o Penas Crueles, Inhumanos o Degradantes.

En ese material, la entrevista se denomina simplemente "entrevista de investigación" y se aplica tanto al interrogatorio de víctimas, testigos o investigados.

En la entrevista del denunciante anónimo, menores de edad y en general de las personas que a juicio de la autoridad investigadora sea necesaria para su protección, deberá resguardar sus datos personales, de conformidad con lo dispuesto por el párrafo segundo, del artículo 16 de la Constitución Política de los Estados Unidos Mexicanos, de tal forma que no obren en el expediente.

En la entrevista del investigado, "el entrevistador tiene la responsabilidad específica de evaluar si el sospechoso es vulnerable y de explicar de manera comprensible y franca el derecho a guardar silencio, el derecho a la asistencia jurídica y otros derechos."

La Corte Interamericana de Derechos Humanos, en el caso Vélez Loor Vs Panamá (Párr. 132) señala que si el derecho a la defensa surge desde el momento en que se ordena investigar a una persona o la autoridad dispone o ejecuta actos que implican afectación de derechos, la persona sometida a un proceso administrativo sancionatorio debe tener acceso a la defensa técnica desde ese mismo momento.

Tal consideración ha ocasionado, que algunas autoridades investigadoras, por estrategia, no entrevisten al investigado para no generarle actos de molestia y mantener así, inactivo su derecho de defensa hasta que inicie el Procedimiento. Otros, han optado por entrevistarlo antes de cerrar la investigación, con la determinación y calificación de falta y el Informe de Presunta Responsabilidad Administrativa ya elaborados y listos para incluirlos en el expediente y turnarlo a la autoridad substanciadora.

Es innecesario que el citatorio exprese información adicional de la investigación, como puede ser, la falta que se investiga, el nombre de quienes denuncian, los hechos, la fecha en que ocurrieron o los probables responsables.

La entrevista constituye el antecedente de la prueba testimonial. Por ello, si de ella surge información relevante se debe informar al entrevistado, que será llamado a juicio.

La autoridad investigadora debe tener presente que, por el principio de presunción de inocencia, tiene la carga de localizar a los testigos de cargo y lograr su comparecencia en el procedimiento.

AUTORIDAD INVESTIGADORA
DE LA CONTRALORÍA MUNICIPAL
DE BALANCÁN, TABASCO.
Expediente: EPRA 05/AI-CMB/2023
Oficio: AICMB/0031/2023

Asunto: Cita para entrevista de investigación.

Balancán, Tabasco, a trece de marzo de dos mil veintitrés.

Lic. Xxx Lxxx Jxxx

Presente.

Requerimiento. Se le cita a comparecer, ante esta autoridad investigadora, el día viernes 17 (diecisiete) de marzo de 2023 (dos mil veintitrés), a las 10:00 (diez) horas, para el desahogo de una entrevista de investigación.

Deberá traer identificación oficial con fotografía, que se encuentre vigente y copia de la misma.

Fundamento y motivación. Este acto de autoridad se funda en los artículos 109 fracción III, párrafos primero, segundo y sexto de la Constitución Política de los Estados Unidos Mexicanos; 67 fracción II, párrafo quinto de la Constitución Política del Estado Libre y Soberano de Tabasco; 3º fracción II, 9º fracción II, 10º, 94, 95 y 96 de la Ley General de Responsabilidades Administrativas; 3º bis y 81 fracción XV de la Ley Orgánica de los Municipios del estado de Tabasco; _____. Tiene por finalidad investigar y recabar información suficiente que permita determinar, en su caso, la existencia de actos u omisiones que la Ley señala como falta administrativa y la presunta responsabilidad de servidores públicos.

Apercibimiento. De no comparecer en la fecha y hora señalada, sin motivo justificado, se le aplicará como medida, una multa por la cantidad de 100 (cien) veces el valor diario de la Unidad de Medida y Actualización (en adelante UMA), misma que constituirá crédito fiscal en favor del erario municipal, por tratarse de un aprovechamiento. Esta medida podrá duplicarse o triplicarse en cada ocasión, hasta alcanzar 2000 (dos mil) veces el valor diario de la UMA, en caso de renuencia al cumplimiento de este mandato.

En el 2023 (dos mil veintitrés), el UMA tiene un valor diario de 103.74 (ciento tres pesos con setenta y cuatro centavos) por lo tanto, el importe de la multa resulta la cantidad de $10,374.00 (diez mil trescientos setenta y cuatro pesos).

Lo anterior, de conformidad con lo dispuesto por el artículo 97 fracción I de la Ley General de Responsabilidades Administrativas.

Contacto. En caso de duda o aclaración respecto de este citatorio, puede comunicarse al número de teléfono _____ o al correo electrónico _____.

La oficina que ocupa esta autoridad investigadora, se ubica en calle _____, número ___, colonia Centro, código postal _____, Balancán, Tabasco.

Lic. Sxx Axx Gxx
Autoridad Investigadora

Formato 14. Entrevista de investigación

EPRA 05/AI-CMB/2023

Entrevista de investigación

Ciudad de Balancán, Tabasco, México, en la sede oficial de la Contraloría Municipal. Diez horas, del día diecisiete de marzo del dos mil veintitrés.

Sxx Axx Gxx, autoridad investigadora de la Contraloría Municipal, hace constar que comparece, previa cita, el servidor público _____, por lo tanto, con apoyo en lo dispuesto por los artículos 109 fracción III, párrafos primero, segundo y sexto de la Constitución Política de los Estados Unidos Mexicanos; 67 fracción II, párrafo quinto de la Constitución Política del Estado Libre y Soberano de Tabasco; 3º fracción II, 9º fracción II, 10º, 94, 95 y 96 de la Ley General de Responsabilidades Administrativas; 3º bis y 81 fracción XV de la Ley Orgánica de los Municipios del estado de Tabasco; _____, se procede a recabar su entrevista, en relación con los hechos que se investigan. Para ello, a continuación, se registra los datos generales del entrevistado:

Nombre completo: _____

Domicilio actual: _____

Nacionalidad: _____

Fecha de nacimiento: _____

Estado Civil: _____

Instrucción escolar: _____

Teléfono celular: (___) _____

Correo Electrónico: _____

Ocupación: _____

Dirección del trabajo: _____

Seguidamente, se da a conocer al entrevistado los hechos que se investigan. Asimismo, se le informa que, si en cualquier momento de la entrevista estima que existen datos que puedan incriminarlo o generarle responsabilidad, tiene derecho a que se suspenda esta diligencia y abstenerse de emitir cualquier testimonio, hasta en tanto se encuentre asistido por un defensor. Al respecto, manifiesta que comprende los derechos que le fueron informados y que es su voluntad llevar acabo esta entrevista en los términos siguientes:

_____
_____.

Es todo lo que sé y me consta.

Sin nada más que registrar, se da por terminada la entrevista siendo las once horas con cincuenta minutos de la fecha de su inicio, firmando para constancia los que en ella intervinieron.

Lic. Sxx Axx Gxx
Autoridad Investigadora

Entrevistado

Sxx Axx Gxx

Formato 15. Entrevista en campo. Formato prellenado

Entrevista de investigación

Expediente	
Fecha	
lugar	

Fundamento legal

Artículos 109 fracción III, párrafos primero, segundo y sexto de la Constitución Política de los Estados Unidos Mexicanos; 67 fracción II, párrafo quinto de la Constitución Política del Estado Libre y Soberano de Tabasco; 3º fracción II, 9º fracción II, 10º, 94, 95 y 96 de la Ley General de Responsabilidades Administrativas; 3 bis y 81 fracción XV de la Ley Orgánica de los Municipios del estado de Tabasco; (señalar la norma interna que crea la autoridad investigadora).

Datos del entrevistador

Nombre		Cargo	

Datos del entrevistado

Nombre		Nacionalidad	
Edad		Estado civil	
Sexo		Ocupación	
Fecha de nacimiento		Teléfono	
Correo electrónico			
Domicilio actual			
Instrucción escolar			
Dirección del trabajo			
Medio de identificación		Clave	

Relato de la entrevista

Hora de inicio:		Hora de termino:	

Anexos

Firmas

Entrevistador	Entrevistado

Formato 16. Constancia

La investigación, aunque es desformalizada debe documentarse. Ha de reflejar la oportunidad y exhaustividad que realiza la autoridad investigadora.

La constancia, es el documento donde se registra de manera formal un hecho relacionado con los actos de investigación. En algunos casos se utiliza como puente. Permite pasar de un resultado de investigación a un nuevo acto. Por ejemplo. En una entrevista, surge el nombre de un servidor público que posee información relevante, pero se desconoce su área de adscripción. En tal caso, la autoridad investigadora elabora una constancia y da a conocer la necesidad de localizar y citar a ese servidor público para practicar una entrevista.

Ciudad de Balancán, Tabasco, México, a diecisiete de marzo del dos mil veintitrés.

Visto el estado que guarda la investigación que se integra en el Expediente de Presunta Responsabilidad Administrativa EPRA 05/AI-CMB/2023, se advierte, que el entrevistado _____ señaló que el C. _____, se desempeñó como secretario particular del Director de Obras, Ordenamiento Territorial y Servicios Municipales, a quien resulta necesario entrevistar.

Es un hecho notorio para esta autoridad, que en autos del expediente de investigación en que se actúa, obra una lista del personal que laboró en la Dirección de Obras, Ordenamiento Territorial y Servicios Municipales durante la administración 2018-2021, por lo tanto, se procede a localizar en ella al C. _____.

Después de una revisión, se obtienen los siguientes datos, que permiten localizar y citar a la persona que se busca:

Nombre: _____,

179

Tipo de nómina: _____,

Código empleado: _____,

RFC: _____,

Categoría: _____,

Fecha de alta: _____,

Esta diligencia se funda en los artículos 109 fracción III, párrafos primero, segundo y sexto de la Constitución Política de los Estados Unidos Mexicanos; 67 fracción II, párrafo quinto de la Constitución Política del Estado Libre y Soberano de Tabasco; 3° fracción II, 9° fracción II, 10°, 94, 95 y 96 de la Ley General de Responsabilidades Administrativas; 3° bis y 81 fracción XV de la Ley Orgánica de los Municipios del estado de Tabasco; _____.
Tiene por finalidad investigar y recabar información suficiente que permita determinar, en su caso, la existencia de actos u omisiones que la Ley señala como falta administrativa y la presunta responsabilidad de servidores públicos.

Hace constar y firma la autoridad investigadora de la Contraloría Municipal de Balancán, Tabasco.

Lic. Sxx Axx Gxx
Autoridad Investigadora

Formato 17. Conclusión de investigación

El Expediente de Presunta Responsabilidad Administrativa cuenta una historia. Las buenas historias escritas, tienen un inicio y un final. La Ley General de Responsabilidades Administrativas marca un periodo de conclusión de las investigaciones, pero no da mayores datos al respecto (art. 100) dejando al arbitrio de la autoridad establecer el momento adecuado para cerrar la investigación.

Se recomienda elaborar la conclusión de la investigación después de haber trabajado la determinación de existencia y calificación de falta, para no dejar alguna diligencia pendiente. Posteriormente, se incorporará al expediente, y en seguida, la determinación señalada.

Ciudad de Balancán, Tabasco, México, a veinte de marzo del año dos mil veintitrés.

Visto el estado que guarda el Expediente de Presunta Responsabilidad Administrativa número EPRA 05/AI-CMB/2023, se advierte que ya no quedan diligencias de investigación que desahogar, por ello, con apoyo en lo dispuesto por los artículos 109 fracción III, párrafos primero, segundo y sexto de la Constitución Política de los Estados Unidos Mexicanos; 67 fracción II, párrafo quinto de la Constitución Política del Estado Libre y Soberano de Tabasco; 3° fracción II, 9° fracción II, 10°, 94, 95 y 96 de la Ley General de Responsabilidades Administrativas; 3° bis y 81 fracción XV de la Ley Orgánica de los Municipios del estado de Tabasco; _____, se declara concluida la investigación y se procede a determinar la existencia o inexistencia de falta administrativa.

Lo acuerda la autoridad investigadora de la Contraloría Municipal de Balancán, Tabasco.

Lic. Sxx Axx Gxx
Autoridad Investigadora

Formato 18. Determinación de existencia y calificación de faltas

La determinación tiene por objeto establecer si los hechos investigados constituyen falta administrativa, para su posterior calificación y elaboración del Informe de Presunta Responsabilidad Administrativa, o bien, para decretar el acuerdo de conclusión y archivo del expediente.

Para determinar la existencia de actos u omisiones que la ley señala como faltas administrativas, la autoridad investigadora no tiene permitido valorar pruebas, sólo analizar la información recabada, sin embargo, ello no impide que se señalen los documentos obtenidos si esto resulta necesario para la elaboración del análisis.

En este documento se deben cuidar además de los requisitos del acto de molestia, la identificación adecuada del tipo, sus elementos, la presunta responsabilidad, las circunstancias de tiempo, modo, lugar y ocasión.

Ciudad de Balancán, Tabasco, México, a veintinueve de marzo del año dos mil veintitrés.

Vistos los hechos y la información recabada en el Expediente de Presunta Responsabilidad Administrativa número EPRA 05/AI-CMB/2023, y;

RESULTANDO

Primero. **Denuncia.** Mediante escrito de fecha doce de marzo de dos mil veintitrés, **Xgg Yxx Lcc** presentó denuncia. Hizo del conocimiento de esta autoridad investigadora actos que pudieran constituir o vincularse con faltas administrativas.

De manera substancial, se informó que _____

Segundo. **Inicio de investigación**. El doce de marzo de dos mil veintitrés, se tuvo por recibida la denuncia a la que se hizo referencia en el resultando que antecede. Se tomó conocimiento de los hechos que fueron informados, y a fin de recabar la información y documentación necesarias para identificar a quienes resulten responsables y aquellas relativas a los hechos denunciados, se ordenó iniciar la investigación que se registró como Expediente de Presunta Responsabilidad Administrativa EPRA 05/AI-CMB/2023.

Tercero. **Diligencias relevantes**. En base a lo anterior, esta autoridad procedió a practicar las diligencias conducentes a la investigación, entre las que destacan las siguientes:

I. Mediante oficio CMB/0443/2023, de fecha trece de marzo de dos mil veintitrés, se requirió al Director de Administración del municipio de Balancán, Tabasco, que remitiera copia certificada del expediente personal del Servidor Público _____.

Este documento fue proporcionado el quince del mismo mes, mediante oficio DAM/0300/2023.

II. El quince de marzo de dos mil veintidós se recabó la entrevista de investigación del C. _____.

III. …

Cuarto. **Conclusión de investigación.** Al encontrarse debidamente integrado el Expediente de Presunta Responsabilidad Administrativa, el veinte de marzo de dos mil veintitrés, se dio por concluida la investigación.

C O N S I D E R A N D O

Primero. **Competencia.** Esta autoridad investigadora de la Contraloría municipal de Balancán, Tabasco, es competente para: **(1)** determinar la existencia o inexistencia de falta administrativa, **(2)** determinar la presunta responsabilidad del infractor y **(3)** calificar la gravedad de la falta, de conformidad con lo previsto en los artículos 109 fracción III, párrafos primero, segundo y sexto de la Constitución Política de los Estados Unidos Mexicanos; 67 fracción II, párrafo quinto de la Constitución Política del Estado Libre y Soberano de Tabasco; 3° fracción II, 9° fracción II, 10°, 94 y 95 de la Ley General de Responsabilidades Administrativas; 3° bis y 81 fracción XV de la Ley Orgánica de los Municipios del estado de Tabasco; _____, pues se trata de una investigación derivada de hechos atribuidos a un servidor público que desempeña un empleo en el gobierno de este municipio.

Segundo. Determinación de existencia de falta administrativa. La información recabada permite acreditar la existencia de actos que la ley señala cómo falta administrativa.

El denunciante, hizo del conocimiento que _____

De los trabajos de investigación llevados a cabo por esta autoridad y del análisis de la información recabada se obtuvo que _____.

Si no se presenta la declaración inicial de situación patrimonial dentro de los sesenta días naturales siguientes a la toma de posesión se incurre en responsabilidad.

El artículo 49 fracción IV de la Ley General de Responsabilidades Administrativas establece, en lo que nos ocupa, lo siguiente:

> **Artículo 49.** Incurrirá en Falta administrativa no grave el servidor público cuyos actos u omisiones incumplan o transgredan lo contenido en las obligaciones siguientes:
> […]
>
> IV.   Presentar en tiempo y forma las declaraciones de situación patrimonial y de intereses, en los términos establecidos por esta Ley;

185

La obligación contenida en el artículo transcrito protege la honradez que debe de observar el servidor público en el desempeño de sus funciones, cuya falta se actualiza con los siguientes elementos:

1. Que el sujeto activo tenga calidad de servidor público,
2. Que la declaración inicial de situación patrimonial y de intereses no se presente dentro de los sesenta días naturales siguientes a la toma de posesión con motivo del ingreso al servicio público por primera vez o del reingreso después de sesenta días naturales de la conclusión de su último encargo.

Análisis del primer elemento.

Exx Axxx Pxxx es servidor público municipal.

El artículo 3º fracción XXV de la Ley General de Responsabilidades Administrativas establece que servidor público es la persona que desempeña un empleo, cargo o comisión en los entes públicos, en el ámbito federal y local, conforme a lo dispuesto en el artículo 108 de la Constitución Política de los Estados Unidos Mexicanos.

Por su parte, el artículo 218 de la Ley Orgánica de los Municipios del estado de Tabasco establece que *"para los efectos de las responsabilidades a que alude este capítulo, se reputarán como servidores públicos municipales a los miembros del Ayuntamiento o del Concejo Municipal, en su caso, y en general a toda persona que desempeñe un empleo, cargo o comisión, de cualquier naturaleza en el gobierno municipal u organismos paramunicipales, los que serán responsables por los actos u omisiones en que incurran en el desempeño de sus respectivas funciones"*.

En el caso se determina que Exx Axxx Pxxx, con registro Federal de Contribuyente (R.F.C.) _____ y Clave Única de Registro de

Población (C.U.R.P.) _____ tiene calidad de servidor público. Labora en el municipio de Balancán, Tabasco. Se desempeña como Jefe de Departamento de Supervisión Física de Obras, adscrito a la Dirección de Obras, Ordenamiento Territorial y Servicios Municipales. Causó alta el día _____.

Lo anterior como se desprende del nombramiento con folio CF00903333, oficio DOOTSM/0025/2023 y la entrevista del C. _____, que obran en el expediente de investigación, mismos que adminiculados entre sí, generan plena convicción de su calidad de servidor público, pues desempeñó un empleo en el municipio de Balancán, Tabasco, en la fecha en que se cometió la falta que se le atribuye, por lo tanto, está obligado a responder por los actos u omisiones en que incurrió en el desempeño de sus respectivas funciones.

Análisis del segundo elemento.

Exx Axxx Pxxx no presentó la declaración inicial de situación patrimonial y de intereses dentro de los sesenta días naturales siguientes a la toma de posesión con motivo del ingreso al servicio público por primera vez.

En el caso particular Exx Axxx Pxxx ingresó a laborar en el Municipio de Balancán, Tabasco, el día _____ y no presentó declaración inicial de situación patrimonial. De la revisión efectuada a los archivos físicos y electrónicos del departamento de seguimiento y control patrimonial no se encontró registros o datos que permitan acreditar que dicho servidor público cumplió con la obligación en comento.

Según copia certificada del nombramiento de Exx Axxx Pxxx, expedido por el Director de Administración, se advierte que ingresó a laborar en el municipio de Balancán, Tabasco, el día _____ como Jefe de Departamento de Supervisión Física de Obras, adscrito a la Dirección de Obras, Ordenamiento Territorial y

Servicios Municipales, lo cual se robustece con las copias certificadas de sus recibos de pagos correspondientes a las quincenas de los meses de ___ y ___ de dos mil ____, las cuales son coincidentes con dicha información.

Las constancias de registro de declaraciones patrimoniales de inicio del cargo recabadas durante la investigación, no contienen datos o indicios de que Exx Axxx Pxxx, durante el periodo que comprende del primero de _____ al _____ haya presentado declaración patrimonial y de intereses de inicio del cargo.

Si Exx Axxx Pxxx ingresó a laborar el día _____, tenía hasta el día treinta y uno de _____del mismo año para presentar la declaración inicial de situación patrimonial y de intereses.

Del _____ al _____ existe un total de sesenta días naturales, dentro de los cuales Exx Axxx Pxxx se encontraba obligado a presentar su declaración inicial de situación patrimonial y de intereses, por lo que al no haberlo hecho así, incumple con la obligación que tenía de presentar en tiempo y forma la declaración inicial de situación patrimonial, prevista en el artículo 49 fracción IV de la Ley General de Responsabilidades Administrativas.

Tercero.   Determinación de presunta responsabilidad del infractor.

No se requiere abundar en este aspecto ya que ha quedado precisado que en el caso concreto se actualiza la falta administrativa prevista en el artículo 49 fracción IV de la Ley General de Responsabilidades Administrativas, consumada de manera continua, donde intervino de manera directa el servidor público Exx Axxx Pxxx, en forma de acción culposa, pues no presenta justificación, ni existen elementos que excluyan la falta o extingan la pretensión punitiva de aquella.

Cuarto.   **Calificación de falta.**

El incumplimiento de la obligación prevista en el artículo 49 fracción IV de la Ley General de Responsabilidades Administrativas se considera en la misma disposición como falta no grave.

DETERMINACIÓN

Primero.   Conforme a lo expuesto en los considerandos segundo, tercero y cuarto que anteceden, se determina que Exx Axxx Pxxx es presunto responsable de la comisión de una falta administrativa considerada como no grave, derivada del incumplimiento de la obligación prevista en el artículo 49 fracción IV de la Ley General de Responsabilidades Administrativas.

Segundo.   Notifíquese la presente determinación al denunciante y hágase de su conocimiento que podrá tener acceso al Expediente de Presunta Responsabilidad Administrativa, para su consulta, en la oficina que ocupa esta Autoridad investigadora de la Contraloría Municipal de Balancán, Tabasco, cita en calle Melchor Ocampo, sin número, colonia Centro, interior del palacio municipal, planta baja, en horario de nueve a dieciséis horas, de lunes a viernes, hasta antes de la presentación del Informe de Presunta Responsabilidad Administrativa a la Autoridad Substanciadora correspondiente. Asimismo, hágase de su conocimiento que, en caso de inconformidad con la presente determinación, podrá impugnarla mediante recurso de inconformidad, dentro de los cinco días hábiles, contados a partir de la notificación de la presente determinación, de conformidad con lo dispuesto por los artículos 102 y 103 de la Ley General de Responsabilidades Administrativas.

Lo determina y firma la autoridad investigadora de la Contraloría Municipal de Balancán, Tabasco.

Lic. Sxx Axx Gxx
Autoridad Investigadora

Formato 19. Notificación de existencia y calificación de faltas al denunciante

AUTORIDAD INVESTIGADORA
DE LA CONTRALORÍA MUNICIPAL
DE BALANCÁN, TABASCO.
Expediente: EPRA 05/AI-CMB/2023
Oficio: AICMB/0031/2023
Asunto: Se notifica existencia y calificación de falta.
Balancán, Tabasco, a treinta y uno
de marzo de dos mil veintitrés.

Lic. Xgg Yxx Lcc,
Jefe de Departamento de Seguimiento y Control Patrimonial
Presente.

En vía de notificación, para su conocimiento y efectos legales del caso, con el presente remito a usted copia certificada de la determinación de existencia y calificación de falta administrativa, emitida en el Expediente de Presunta Responsabilidad Administrativa indicado al rubro.

En caso de inconformidad con la determinación que se notifica, en su calidad de denunciante, podrá impugnarla mediante recurso de inconformidad, dentro de los cinco días hábiles, contados a partir de la recepción de la presente notificación. Para tal fin, podrá tener acceso al Expediente de Presunta Responsabilidad Administrativa, en la oficina que ocupa esta Autoridad investigadora de la Contraloría Municipal de Balancán, Tabasco, cita en calle Melchor Ocampo, sin número, colonia Centro, interior del palacio municipal, planta baja, en horario de nueve a dieciséis horas, de lunes a viernes.

Lo anterior, con apoyo en lo dispuesto por los artículos 102 y 103 de la Ley General de Responsabilidades Administrativas.

Lic. Sxx Axx Gxx
Autoridad Investigadora

Formato 20. Constancias de no interposición recurso de inconformidad

El artículo 119 de la Ley General de Responsabilidades Administrativas estima que son días hábiles todos los días del año con excepción de aquellos días que, por virtud de ley, algún decreto o disposición administrativa, se determine como inhábil.

Como no es posible unificar la normatividad administrativa en los tres niveles de gobierno, se deberá tomar como hábil los días que realmente se labora en la dependencia.

La autoridad investigadora deberá tener presente, para efecto de la admisión del recurso de inconformidad, que el horario de trabajo no limita a los gobernados el acceso a la impartición de justicia. El día de vencimiento de cualquier plazo se entiende de veinticuatro horas naturales, contadas de las cero a las veinticuatro horas. De ahí que cuando con motivo de horario de labores se restrinja la oportunidad para presentar el recurso y haya imposibilidad de hacerlo hasta las veinticuatro horas, debe considerarse oportuna la presentación del recurso en la primera hora hábil del día siguiente (nueve horas) tal y como lo sostiene por sus consideraciones la tesis 2a./J. 108/2009, de la Segunda Sala, en materia común.

Ciudad de Balancán, Tabasco, México, a diez de abril del año dos mil veintitrés.

Visto el estado que guarda el Expediente de Presunta Responsabilidad Administrativa EPRA 05/AI-CMB/2023, se advierte que el denunciante no hizo manifestación alguna ni se

193

inconformó en contra de la determinación de existencia y calificación de falta administrativa, dictada el veintinueve de marzo del año dos mil veintitrés, dentro del plazo concedido para tal fin.

La determinación fue notificada al denunciante el día treinta y uno de marzo de dos mil veintitrés, por lo que, el plazo de cinco días hábiles que tenía para inconformarse, inició su cómputo en esa fecha según lo dispuesto por los artículos 102, 103 y 119 de la Ley General de Responsabilidades Administrativas.

Entre el treinta y uno de marzo y el diez de abril, ambos del dos mil veintitrés, existen siete días hábiles, considerando que el cómputo inicia en la misma fecha de notificación y que se consideran como días hábiles en este municipio de lunes a viernes.

Hace constar y firma la autoridad investigadora de la Contraloría Municipal de Balancán, Tabasco.

Lic. Sxx Axx Gxx
Autoridad Investigadora

Formato 21. Informe de Presunta Responsabilidad

AUTORIDAD INVESTIGADORA
DE LA CONTRALORÍA MUNICIPAL
DE BALANCÁN, TABASCO.
Expediente: EPRA 05/AI-CMB/2023
Oficio: AICMB/0031/2023
Asunto: Informe de Presunta Responsabilidad.
Balancán, Tabasco, a diez de abril de dos mil veintitrés.

Lic. Axx Gxx Gxx
Autoridad substanciadora
Presente.

Lic. Sxx Axx Gxx Autoridad Investigadora de la Contraloría Municipal de Balancán, Tabasco, con fundamento en lo dispuesto por los artículos 109 fracción III, párrafos primero, segundo y sexto de la Constitución Política de los Estados Unidos Mexicanos; 67 fracción II, párrafo quinto de la Constitución Política del Estado Libre y Soberano de Tabasco; 3º fracción II, 9º fracción II, 10º, 94, 95 y 96 de la Ley General de Responsabilidades Administrativas; 3 bis y 81 fracción XV de la Ley Orgánica de los Municipios del estado de Tabasco; (_____), presento ante usted, Informe de Presunta Responsabilidad Administrativa de falta no grave, consumada de manera continua, en forma de acción culposa, donde intervino, de manera directa, el servidor público que más adelante se dará a conocer

En cumplimiento a las formalidades que establece el artículo 194 de la Ley General de Responsabilidades Administrativas, se presenta el Informe señalado, en los términos siguientes:

I.   Nombre de la Autoridad Investigadora

Lic. Sxx Axx Gxx

II.   Domicilio para oír y recibir notificaciones

195

Señalo como domicilio para oír y recibir notificaciones la oficina que ocupa la Contraloría Municipal de Balancán, Tabasco, sita en la calle _____ sin número Colonia Centro, de esta ciudad.

III. Nombre de funcionarios que podrán imponerse de los autos

Autorizo para que en nombre y representación de esta autoridad investigadora se impongan de los autos del expediente que al respecto se instruya a los licenciados _____ y _____ .

IV. Nombre y domicilio del Presunto Responsable

Xxx Xxxx Xxxx, Servidor público que labora en el municipio de Balancán, Tabasco con cargo de Jefe de Departamento de Supervisión Física de Obras, adscrito a la Dirección de Obras, Ordenamiento Territorial y Servicios Municipales, con domicilio en Xxxxx, quien igual puede ser emplazado en su centro de trabajo con domicilio en la planta alta del palacio municipal de Balancán, Tabasco, sito en calle _____, sin número, colonia _____ de esta ciudad.

V. Hechos

Exx Axxx Pxxx ingresó a laborar en el Municipio de Balancán, Tabasco, el día _____, como Jefe de Departamento de supervisión física de obras, adscrito a la Dirección de Obras, Ordenamiento Territorial y Servicios Municipales, sin embargo, no presentó su declaración inicial de situación patrimonial, dentro de los sesenta días naturales siguientes a la toma de posesión.

VI. Infracción que se imputa

Se estima que Exx Axxx Pxxx es probable responsable del incumplimiento de la obligación prevista en el artículo 49 fracción IV de la Ley General de Responsabilidades Administrativas que en lo que nos ocupa establece:

196

Artículo 49. Incurrirá en falta administrativa no grave el servidor público cuyos actos u omisiones incumplan o transgredan lo contenido en las obligaciones siguientes:

[…]

IV. Presentar en tiempo y forma las declaraciones de situación patrimonial y de intereses, en los términos establecidos por esta Ley;

La obligación del artículo anterior protege la honradez que debe de observar el servidor público en el desempeño de sus funciones, cuya falta se actualiza con los siguientes elementos:

1. Que el sujeto activo tenga calidad de servidor público,

2. Que la declaración inicial de situación patrimonial y de intereses no se presente dentro de los sesenta días naturales siguientes a la toma de posesión con motivo del ingreso al servicio público por primera vez o del reingreso después de sesenta días naturales de la conclusión de su último encargo.

Análisis del primer elemento.

Exx Axxx Pxxx es servidor público municipal.

El artículo 3º fracción XXV de la Ley General de Responsabilidades administrativas establece que servidor público es la persona que desempeña un empleo, cargo o comisión en los entes públicos, en el ámbito federal y local, conforme a lo dispuesto en el artículo 108 de la Constitución Política de los Estados Unidos Mexicanos.

Por su parte, el artículo 218 de la Ley Orgánica de los Municipios del estado de Tabasco establece que "para los efectos de las responsabilidades a que alude este capítulo, se repuntarán como servidores públicos municipales a los miembros del Ayuntamiento o del Concejo Municipal, en su caso, y en general a toda persona

197

que desempeñe un empleo, cargo o comisión, de cualquier naturaleza en el gobierno municipal u organismos paramunicipales, los que serán responsables por los actos u omisiones en que incurran en el desempeño de sus respectivas funciones".

En el caso de determina que Exx Axxx Pxxx, con registro Federal de Contribuyente (R.F.C.) _____ y Clave Única de Registro de Población (C.U.R.P.) _____ tiene calidad de servidor público.

Labora en el municipio de Balancán, Tabasco. Se desempeña como Jefe de Departamento de Supervisión Física de Obras, adscrito a la Dirección de Obras, Ordenamiento Territorial y Servicios Municipales. Causó alta el día _____. Lo anterior se desprende del nombramiento con folio CF00903333, oficio DOOTSM/0025/2023, y la entrevista del C. Carlos Gxxxx Gxxxxx, mismos que adminiculados entre sí, generan plena convicción de su calidad de servidor público, pues desempeñó un empleo en el municipio de Balancán, Tabasco, en la fecha en que se cometió la falta que se le atribuye, por lo tanto, está obligado a responder por los actos u omisiones en que incurrió en el desempeño de sus respectivas funciones.

Análisis del segundo elemento.

Exx Axxx Pxxx no presentó la declaración inicial de situación patrimonial y de intereses dentro de los sesenta días naturales siguientes a la toma de posesión con motivo del ingreso al servicio público por primera vez.

En el caso particular Exx Axxx Pxxx ingresó a laborar en el Municipio de Balancán, Tabasco, el día _____ y no presentó declaración inicial de situación patrimonial. De la revisión efectuada a los archivos físicos y electrónicos del departamento de seguimiento y control patrimonial no se encontró registros o datos que permitan acreditar que dicho servidor público cumplió con la obligación en comento.

Según copia certificada del nombramiento expedido por el L.C.P. Exxx Hxxx Pxxx, Director de Administración, se acredita que Exx Axxx Pxxx ingresó a laborar en el municipio de Balancán, Tabasco el día _____ como Jefe de Departamento de Supervisión Física de Obras, adscrito a la Dirección de Obras, Ordenamiento Territorial y Servicios Municipales, lo cual se robustece con las copias certificadas de sus recibos de pagos correspondientes a las quincenas de los meses de _____ y _____ del año _____, las cuales son coincidentes con dicha información.

Las constancias de registro de declaraciones patrimoniales de inicio del cargo recabadas durante la investigación, no contienen dato o indicio de que Exx Axxx Pxxx durante el periodo que comprende del primero de _____ al _____ haya presentado declaración patrimonial y de intereses de inicio del cargo.

Si Exx Axxx Pxxx ingresó a laborar el día _____, tenía hasta el día treinta y uno de _____ del mismo año para presentar la declaración inicial de situación patrimonial y de intereses.

Del _____ al _____ existe un total de sesenta días naturales, dentro de los cuales Exx Axxx Pxxx se encontraba obligado a presentar su declaración inicial de situación patrimonial y de intereses, por lo que al no haberlo hecho así, incumple con la obligación que tenia de presentar en tiempo y forma la declaración inicial de situación patrimonial, prevista en el artículo 49 fracción IV de la Ley General de Responsabilidades Administrativas.

VII. Pruebas

Para acreditar la comisión de la falta administrativa y la responsabilidad que se le atribuye a Exx Axxx Pxxx esta autoridad investigadora ofrecerá en el Procedimiento de Responsabilidad Administrativa las siguientes pruebas:

a) **DOCUMENTAL PÚBLICA** consistente en copia certificada del expediente personal de Exx Axxx Pxxx, que contiene el oficio _____, de fecha _____; nombramiento de personal con folio _____ y ficha técnica del empleado con ID número _____, donde se aprecia que el presunto responsable, se desempeñó como Jefe de Departamento de Supervisión Física de Obras, adscrito a la Dirección de Obras, Ordenamiento Territorial y Servicios Municipales.

Esta prueba, se encuentra anexa al Expediente de Presunta Responsabilidad Administrativa (EPRA). **Páginas 071 a la 097**. Pretende acreditar la calidad de servidor público de Exx Axxx Pxxx, su nivel jerárquico y la antigüedad en el servicio.

b) **DOCUMENTAL PÚBLICA** consistente en copia certificada de los recibos de pago de Exx Axxx Pxxx, correspondiente a las quincenas de ____ y _____.

Esta prueba, se encuentra anexa al Expediente de Presunta Responsabilidad Administrativa (EPRA). **Páginas 0100 a la 0115**. Pretende acreditar la calidad de servidor público de Exx Axxx Pxxx, su nivel jerárquico y la antigüedad en el servicio.

c) **DOCUMENTAL PUBLICA** consistente en reporte del sistema de declaración patrimonial, de fecha_____.

Esta prueba, se encuentra anexa al Expediente de Presunta Responsabilidad Administrativa (EPRA). **Página 0120.** Pretende acreditar que Exx Axxx Pxxx, no presentó, dentro de los sesenta días naturales siguientes a la toma de posesión del cargo la declaración inicial de situación patrimonial la calidad de servidor público.

d) **DOCUMENTAL PUBLICA** consistente en copia certificada de la resolución P.R.A. 10/CMB/2016, de fecha _____.

Esta prueba, se encuentra anexa al Expediente de Presunta Responsabilidad Administrativa (EPRA). **Páginas 0121 a la 0140.** Pretende acreditar que Exx Axxx Pxxx tiene la calidad de reincidente, por haber sido sancionado anteriormente por no presentar declaración patrimonial.

e) **DOCUMENTAL PUBLICA** consistente en copia certificada del acuerdo de fecha_____ por medio del cual se determinó que la resolución del Procedimiento de Responsabilidad Administrativa P.R.A. 10/CMB/2016 causó ejecutoria.

Esta prueba, se encuentra anexa al Expediente de Presunta Responsabilidad Administrativa (EPRA). **Página 0141.** Pretende acreditar que Exx Axxx Pxxx tiene la calidad de reincidente, por haber sido sancionado anteriormente por no presentar declaración patrimonial.

f) **TESTIMONIAL** a cargo de _____, con domicilio laboral para emplazamiento en la oficina que ocupa el Departamento de bienes patrimoniales, sita en calle Melchor Ocampo, esquina Parque Graciela Pintado de Madrazo, Balancán, Tabasco, para los mismos efectos dispone del número telefónico _____.

Su testimonio resulta idóneo y pertinente pues versará sobre los registros que obran en el sistema de control patrimonial y la falta de presentación de la declaración inicial de situación patrimonial del presunto responsable.

En atención a lo anterior y ante la imposibilidad material de presentar voluntariamente a dicho testigo, con fundamento en lo dispuesto por el artículo 146 de la Ley General de Responsabilidades Administrativas, solicito sea citado, a través del personal adscrito a esa autoridad Substanciadora, disponiendo de los medios de apremio señalados en la ley.

VIII. Medida cautelar

No se solicita medida cautelar.

Por lo expuesto y fundado a usted C. Autoridad Substanciadora, atentamente pido:

ÚNICO. Tenerme por presentado el Informe de Presunta Responsabilidad Administrativa del expediente número EPRA 05/CMB/2023 a efecto de que se inicie en contra del presunto responsable, el procedimiento de responsabilidad administrativa, correspondiente.

Se anexan copias certificadas para traslado y el original del Expediente de Presunta Responsabilidad Administrativa, que incluye la determinación de existencia y calificación de falta, así como las pruebas documentales señaladas en este informe.

Lic. Sxx Axx Gxx
Autoridad Investigadora

TABLA DE REFERENCIAS

Corte Interamericana de Derechos Humanos, Caso Petro Urrego vs. Colombia. Sentencia de 8 de julio de 2020.

Registro 258965, Gaceta del Semanario Judicial de la Federación, p.19;

Tesis XXVII, Gaceta del Semanario Judicial de la Federación, 2012, p. 1455;

Tesis (VIII Región) 2o.3 A (10a.), Gaceta del Semanario Judicial de la Federación, 2015, p. 2211;

Tesis XXVII.1o. [VIII región] 1 P (10ª), Gaceta del Semanario Judicial de la Federación, 2012, p. 1455;

Tesis XXVII.3o. J/6 (10a.), Gaceta del Semanario Judicial de la Federación, 2014, p. 2712;

Tesis 1a. CCCXXXVIII/2015 (10a.), Gaceta del Semanario Judicial de la Federación, 2015, p. 978;

Tesis 1a. CCXL/2016 (10a.), Gaceta del Semanario Judicial de la Federación, 2016, p. 514;

Tesis 1a. CCXXXV/2011 (9a.), Gaceta del Semanario Judicial de la Federación, 2011, p. 204;

Tesis 1a. CXXII/2014 (10a.), Gaceta del Semanario Judicial de la Federación, 2014, p. 560;

Tesis 1a. XCVII/2008, Gaceta del Semanario Judicial de la Federación, 2008, p.418;

Tesis 1a./J. 110/2011 (9a.), Gaceta del Semanario Judicial de la Federación, 2012, p. 643;

Tesis 1a./J. 20/2001, Gaceta del Semanario Judicial de la Federación, 2001, p. 122;

Tesis 1a./J. 33/99, Gaceta del Semanario Judicial de la Federación, 1999, p. 37;

Tesis 2a./J. 151/2013 (10a.), Gaceta del Semanario Judicial de la Federación, 2013, p. 573;

Tesis 2a./J. 203/2004, Gaceta del Semanario Judicial de la Federación, 2005, p. 596;

Tesis 2a./J. 25/2015 (10a.), Gaceta del Semanario Judicial de la Federación, 2015, p. 827;

Tesis: I.4o.A.843 A, Gaceta del Semanario Judicial de la Federación, 1995, p. 340;

Tesis I.10o.T.1 K, Gaceta del Semanario Judicial de la Federación, 1999, p. 523;

Tesis I.13o.A.6 A (10a.), Gaceta del Semanario Judicial de la Federación, 2014, p.1626;

Tesis I.16o.A.10 A, Gaceta del Semanario Judicial de la Federación, 2007, p. 3279;

Tesis I.18o.A.13 A (10a.), Gaceta del Semanario Judicial de la Federación, 2014, p. 3216;

Tesis I.3o.C.52 K, Gaceta del Semanario Judicial de la Federación, 2003, p. 1050;

Tesis: PC.I.A. J/177 A (10a.), Gaceta del Semanario Judicial de la Federación, 2021, p. 2648;

Tesis I.4o.A.604 A, Gaceta del Semanario Judicial de la Federación, 2007, p. 1812; PC.I.A. J/177 A

Tesis I.4o.C. J/4, Gaceta del Semanario Judicial de la Federación, 1996, p. 157;

Tesis I.4o.C.1 C, Gaceta del Semanario Judicial de la Federación, 1995, p. 381;

Tesis I.6o.A.1 A (10a.), Gaceta del Semanario Judicial de la Federación, 2012, p. 1964;

Tesis I.7o.A.301 A, Gaceta del Semanario Judicial de la Federación, 2004, p.1799;

Tesis I.7o.C.11 K, Gaceta del Semanario Judicial de la Federación, 1997, p. 725;

Tesis I.8o.C.14 C, Gaceta del Semanario Judicial de la Federación, 1995, p. 557;

Tesis II.1o.A.12 A (10a.), Gaceta del Semanario Judicial de la Federación, 2014, p. 2626;

Tesis II.2o.P.187 P, Gaceta del Semanario Judicial de la Federación, 2006, p. 1879;

Tesis III.2o.T.132 L, Gaceta del Semanario Judicial de la Federación, 2005, p. 1755;

Tesis IV.1o.A.56 A (10a.), Gaceta Semanario Judicial de la Federación, 2017, p. 2465;

Tesis IX.1o.55 K, Gaceta del Semanario Judicial de la Federación, 2002, p. 1245;

Tesis P. LXXIX/2000, Gaceta del Semanario Judicial de la Federación, 2000, p. 35;

Tesis P. XLIII/97, Gaceta del Semanario Judicial de la Federación, 1997, p. 252;

Tesis P. XXXII/2000, Gaceta del Semanario Judicial de la Federación, 2000, p.92

Tesis P. XXXII/2000, Gaceta del Semanario Judicial de la Federación, 2000, p.92

Tesis P./J. 10/94, Gaceta del Semanario Judicial de la Federación, 1194, p. 12;

Tesis P./J. 100/2006, Gaceta del Semanario Judicial de la Federación, 2006, p. 1667;

Tesis P./J. 2/2017, Gaceta del Semanario Judicial de la Federación, 2017, p.7;

Tesis P./J. 21/96, Gaceta del Semanario Judicial de la Federación, 1996, p. 31;

Tesis P./J. 7/2004, Gaceta del Semanario Judicial de la Federación, 2004, p.1163;

Tesis VI.2o.57 C, Gaceta del Semanario Judicial de la Federación, 1996, p. 673;

Tesis VII.1o.C.32 C, Gaceta del Semanario Judicial de la Federación, 1997, p. 675;

Tesis XI.1o.A.T.61 A (10ª), Gaceta del Semanario Judicial de la Federación, 2015, p. 4088;

Tesis XVI.1o.A.45 A (10a.), Gaceta del Semanario Judicial de la Federación, 2014, p. 1879;

Tesis XX.32 P, Gaceta del Semanario Judicial de la Federación, 1995, p. 603;

Tesis XXI.1o.P.A. J/27, Gaceta del Semanario Judicial de la Federación, 2011, p. 2167;

Tesis XXVII.1o. [VIII región] 1 P (10ª), Gaceta del Semanario Judicial de la Federación, 2012, p. 1455;

Tesis: 2a./J. 25/2015 (10a.), Gaceta del Semanario Judicial de la Federación, 2015, p. 827;

Tesis: I.18o.A.13 A (10ª), Gaceta del Semanario Judicial de la Federación, 2014, p. 3216;

Tesis: XXVII.1o. [VIII región] 1 P (10ª), Gaceta del Semanario Judicial de la Federación, 2012, p. 1455;

Tesis: XXVII.3o. J/7 (10a.), Gaceta del Semanario Judicial de la Federación, 2014, p. 2709;

Tesis: 1a./J. 51/2022 (11a.), Gaceta del Semanario Judicial de la Federación, 2022, p. 2737;

Tesis: 1a./J. 52/2022 (11a.), Gaceta del Semanario Judicial de la Federación, 2022, p. 2735;

Tesis: 2a./J. 12/2023 (11a.), Gaceta del Semanario Judicial de la Federación, 2023, p. 2287;

GLOSARIO DE ABREVIATURAS

Abreviatura	Significado
art.	Artículo
CIDH	Corte Interamericana de Derechos Humanos
CPELST	Constitución Política del Estado Libre y Soberano de Tabasco
CPEUM	Constitución Política de los Estados Unidos Mexicanos
f.	Fracción
LFPCA	Ley Federal de Procedimiento Contencioso Administrativo
LFRCF	Ley de Fiscalización y Rendición de Cuentas de la Federación
LFSET	Ley de Fiscalización Superior del Estado de Tabasco
LFT	Ley Federal del Trabajo
LGRA	Ley General de Responsabilidades Administrativas
LGSNA	Ley General del Sistema Nacional Anticorrupción
LOMET	Ley Orgánica de los Municipios del Estado de Tabasco
p.	Página
Párr.	Párrafo
PRA	Procedimiento de Responsabilidad Administrativa
RAE	Real Academia Española

ANEXO

Estructura simplificada del Procedimiento de Responsabilidad Administrativa

Autoridad	Falta no grave	Falta grave
Investigadora	Inicio (por denuncia, de oficio o derivado de auditoría)	
	Substanciación de Investigación	
	Determinación, y en su caso, calificación de falta o acuerdo de conclusión y archivo	
	Informe de Presunta Responsabilidad Administrativa (IPRA)	
Substanciadora	Recepción del IPRA	
	Admisión o prevención del IPRA	
	Emplazamiento	
	Audiencia inicial	
	Acuerdo de admisión de pruebas y diligencias necesarias para su preparación y desahogo	Enviar al Tribunal competente los autos originales del expediente
	Audiencia de pruebas	
	Apertura del periodo de alegatos	Notificar a las partes la fecha de su envío e indicar domicilio del tribunal
Resolutora	Cierre de instrucción y cita	Verificar que la falta descrita en

		para oír resolución	el IPRA sea considerada grave
		Resolución	Notificación de las partes de la recepción del expediente
		Notificación de resolución	Acuerdo de admisión de pruebas y diligencias necesarias para su preparación y desahogo
			Audiencia de pruebas
			Apertura del periodo de alegatos
			Cierre de instrucción y cita para oír resolución
			Resolución
			Notificación de resolución